小学生までに身につける
子どもの作法

［あいさつ］から［食事のしかた］まで

野口芳宏
Yoshihiro Noguchi
日本教育技術学会 名誉会長

PHP

はじめに ——お父さん・お母さんへ——

返事の仕方や挨拶の仕方ひとつをとっても、明るくできる子、できない子、元気よくできる子、できない子、ほとんどしない子、丁寧にできる子、反対にぞんざいな子、とさまざまです。そして、上手に、好ましくできる子は誰からも好感を持たれ、かわいがられ、時にはほめられもします。そういう子どもは、日々の生活が楽しく、生き生きとして、子ども本来の元気さに溢れています。反対に、これらが好ましくできない子は、何となく疎《うと》まれ、不快感を持たれ、いつの間にか、それらが本人の性格や行動に有形無形の影響を与えていくことになります。

返事や挨拶をはじめ、人としてこの世で生活していくうえで必須とされるさまざまな「手本となる正しい決まり」が「作法」です。「礼儀作法」を身につけている人は立派です。誰からも愛され、親しまれ、尊敬されます。品位もあり、おくゆかしく、人間としての円熟味も加わります。そして、何よりも本人が楽しく、明るく、幸せな日々をおくることができます。「作法」は人を幸せに導くお守りです。

さて、その大切な「作法」の基本は、実は子どもの頃からの家庭教育によって形作られていくものです。幼児期、小学生期のいわゆるシングルエイジ期を、私は「基準感覚形成期」と呼んでいます。人間として必要な基本ルールを感覚として身につける、かけがえのない大切な時期という意味です。

例えば、お礼を言うべき時にはすぐに「ありがとうございます」と言い、失敗や失礼があったらその場ですぐに「すみません」と謝らずにはいられない。これらが「基準感覚」です。感覚はセンスです。幼い時のしつけがこの感覚を育てます。時機を逸するとこの感覚形成やその修正は、なかなか困難です。

この本は、その大切な幼児期、小学生期のうちにぜひとも身につけたい「基準感覚」を育《はぐく》むためのハンドブック、ガイドブックです。お子様とご一緒に、読みながら、話し合いながら、実演しながら、楽しみながらお役立てくだされば、著者としてこれにまさる喜びはありません。

はじめに
――この本《ほん》を読《よ》む子《こ》どもたちへ――

皆《みな》さんは人間《にんげん》としてこの世《よ》の中《なか》に生《う》まれてきましたね。人間《にんげん》としてこの世《よ》の中《なか》に生《う》まれたということは、それはそれはすばらしく幸《しあわ》せなことですよ。人間《にんげん》は言葉《ことば》を話《はな》し、ものを読《よ》み、書《か》き、考《かんが》え、その結果《けっか》おいしい料理《りょうり》を作《つく》り出《だ》し、電車《でんしゃ》を走《はし》らせ、船《ふね》を動《うご》かし、飛行機《ひこうき》を飛《と》ばし、美《うつく》しい絵《え》を描《えが》き、音《おん》楽《がく》を奏《かな》で、スポーツに汗《あせ》を流《なが》し、みんなで楽《たの》しむことができるようになりました。こんなすばらしい生活《せいかつ》ができるのは人間《にんげん》だけです。人間《にんげん》としてこの世《よ》に生《う》まれてきて本当《ほんとう》によかったね。おめでとう。お父《とう》さん、お母《かあ》さんにお礼《れい》をいいましょう。「人間《にんげん》に産《う》んでくれてありがとうございました」――とね。

こんなにすばらしい人間《にんげん》としてこの世《よ》に生《う》まれてきたのですから、皆《みな》さんは何《なに》よりも「人間《にんげん》として幸《しあわ》せな一生《いっしょう》」をおくるようにしなければいけません。「幸《しあわ》せだなあ」といつも感《かん》じながら生活《せいかつ》できたらどんなにすてきなことでしょう。「幸《しあわ》せ」はひとり残《のこ》らず人々《ひとびと》の願《ねが》いです。

さて、では「幸《しあわ》せな一生《いっしょう》」をおくるにはどうしたらよいのでしょうか。それは、そんなに難《むずか》しいことではありません。幸《しあわ》せな人生《じんせい》をおくるためには、そのための大切《たいせつ》な約束《やくそく》や、きまりや、ルールを身《み》につけ、守《まも》りさえすればいいのです。そうすれば、だれからもすかれ、愛《あい》され、親《した》しまれ、よろこばれ、大切《たいせつ》にされることでしょう。そして、あなたはまちがいなく「幸《しあわ》せな一《いっ》生《しょう》」をおくることができるのです。

この本《ほん》には「幸《しあわ》せな一生《いっしょう》」をおくるために、子《こ》どものうちに身《み》につけておきたい、ごく大切《たいせつ》なきまり、つまり「子《こ》どもの作法《さほう》」が書《か》かれています。おうちの方《かた》といっしょに楽《たの》しく学《まな》んでください。あなたの「幸《しあわ》せな一生《いっしょう》」のために、私《わたし》も応援《おうえん》をし、祈《いの》っていますよ。

もくじ

第《だい》2章《しょう》 話《はな》す時《とき》と聞《き》く時《とき》の作法《さほう》

第《だい》3章《しょう》　食事《しょくじ》の作法《さほう》

第《だい》4章《しょう》　街《まち》を歩《ある》く時《とき》の作法《さほう》

もくじ

この本の使い方

『小学生までに身につける　子どもの作法』は、お父さんやお母さんが、子どもたちと一緒に読んでもらうための本です。

子どもと一緒に読んでもらいたいページです

日常的な作法や挨拶が身につくページです。子どもだけで絵本のように楽しみながら読むこともできます。

お父さん・お母さんに読んでもらいたいページです

日常的な作法や挨拶には、すべて深い意味が込められています。このページでは、それぞれの作法の意味や理由について解説しています。子どもに作法を教える時は、まずこのページを読んで、作法のいわれや深い理由まできちんと説明してあげてください。

お客《きゃく》さまには目線《めせん》を上《うえ》に

・相手《あいて》を下《した》に見下《みお》ろさない配慮《はいりょ》
・きちんと正座《せいざ》ができる子どもに

座って挨拶する時の形は？

家庭訪問などで家に伺う機会があっても、子どもは「玄関でお客さまを迎える時は、座って迎える」という作法を教わっていません。相手より高い位置に立ち、相手を見下ろすということはとても失礼なことです。お母さんが「早く座って！」と叱る姿をよく見ますが、これはお母さんの失敗。あらかじめお客さまが来る前にきちんと正しい作法を教えておきましょう。

子どもたちには形を教えると同時に、心の持ち方も教えてください。作法の原点とは、相手を大事にするというところにあります。それを理解すれば、お客さまを見下ろしてはいけないと気づくでしょうし、おのずと座るという行為にもつながるはずです。

その原点を教えれば、「だからお客さまがいらした時は、玄関先に座って迎えるんだな」ということが子どもにもわかります。ものごとは基本さえ教えておけば、その場に応じた応用もできるようになるのです。

30

第1章　挨拶の作法

玄関先での挨拶の基本

立《た》ったままであいさつをするのは、
とても失礼《しつれい》なこと……！

本来、玄関で挨拶をする時は床に座って挨拶をします。ただし、最近のマンションでは段差の小さい玄関も多いので、その場合は立ったまま失礼のな……挨拶をしましょう。

31

イラストで説明している作法について、さらに身につけてほしいことをまとめました。子どもと一緒にイラストを見ながら、さらにお父さんやお母さんの言葉で教えてあげてください。

『小学生までに身につける　子どもの作法』を読む時は、子どもと一緒にページをめくりながら、お父さん・お母さんの言葉で作法の意味を教えてあげてください。単に「挨拶をしなさい」「電車では静かにしなさい」と言うだけでなく、その理由を教えてあげることで、子どもたちも「なぜ、作法が必要なのか」を理解できるはずです。

第1章

挨拶《あいさつ》の作法《さほう》

日常生活《にちじょうせいかつ》をおくるためには、毎日《まいにち》の挨拶《あいさつ》が欠《か》かせません。「こんにちは」「いただきます」「失礼《しつれい》します」といった基本的《きほんてき》な挨拶《あいさつ》の意味《いみ》と、挨拶《あいさつ》を交《か》わす時《とき》の作法《さほう》について学《まな》びましょう。

基本《きほん》は心《こころ》のこもった挨拶《あいさつ》です

- 相手《あいて》の目《め》を見《み》ながら、やさしい視線《しせん》で挨拶《あいさつ》
- にっこり、はきはき、自分《じぶん》から挨拶《あいさつ》を

目は口ほどに、ものを言う

挨拶という言葉は、相手に接近する、さらに近づくという意味。挨拶をすることで、離れていた心と心を通わせることができるのです。

心を通わせるためには、まず相手の目を見るのが基本です。「目は心の窓」というように、目には心が表れ、言葉を表現します。相手を正視できない子どもは、心の中に何かわだかまりがあるのでしょう。子どもに教えてほしいのは、挨拶をする時には相手にきちんと〝眼差《まなざ》し〟を向けるということ。目を見ないまま、どこかによそ見をしながら「おはよう」と言っても、挨拶をしたことにはなりません。

また、挨拶をする時に大事なのは、その表情です。表情とは読んで字のごとく、情を表しています。心がよければ、表情もよくなる。相手に好意を伝えたければ、やはり挨拶もにこやかな表情でなければなりません。ムッとした顔で「おはよう」と言われても、挨拶をされた方はいい気分にはならないでしょう。

挨拶をする時は目を見て

お父《とう》さんやお母《かあ》さん、先生《せんせい》の目《め》をまっすぐ見《み》て

「こんにちは」「さようなら」「ありがとう」

状況《じょうきょう》に応《おう》じた挨拶《あいさつ》をしましょう

- まず、相手《あいて》のことを心《こころ》にかけて
- 時《とき》や場所《ばしょ》、相手《あいて》に合《あ》わせて言葉《ことば》を選《えら》ぶ

「こんにちは」と「こんばんは」

「こんにちは」と「こんばんは」は省略の表現です。「こんにちは」は「今日《こんにち》はご機嫌いかがですか」、「こんばんは」は「今晩《こんばん》はご機嫌いかがですか」という挨拶を略しています。

この二つの挨拶は、言葉かけであって実際の質問ではありません。「あなたのことを心にかけていますよ」という心遣いを表現しています。誰かに心にかけてもらっている、自分に心を向けてくれる人がいるということは、誰にとってもたいそううれしいこと。そうした心遣いを挨拶の言葉は表しているのです。

かつて日本では、寒ければ「お寒うございます」、暑ければ「お暑うございます」、風が吹けば「風っぷうございます」、雨が降れば「いいお湿りですね」とその日にふさわしい言葉を交わし合ってきました。いろいろな形であるべき挨拶の言葉が、現代ではどこでも「こんにちは」「こんばんは」という一つの形に省略されてしまっているのは、少し残念なことです。

昼の挨拶

友《とも》だちや先生《せんせい》、
近所《きんじょ》の人《ひと》に
会《あ》ったら

「こんにちは」

夜の挨拶

夜《よる》に会《あ》ったら

「こんばんは」

雨《あめ》の日《ひ》には「**雨《あめ》が続《つづ》きますね**」と
あいさつしてみよう

晴れた日には「晴れて気持ちがいいですね」、夏の日には「今日は暑いですね」と、天気や季節に合わせて言葉を選ぶことを教えましょう。

お風呂に入る時の挨拶

おふろに入《はい》る時《とき》はどんなあいさつをする？

あいさつをされた人《ひと》も気持《きも》ちがいいね

◆ ◆ ◆

お風呂に入る時には、周囲の人へひと言を。「お先にいただきます」、お風呂から上がったら「お先にいただきました」という挨拶で、次に入る人への気遣いを表します。

寝《ね》る時《とき》にはどんなあいさつをする？

◆ ◆ ◆

「おやすみなさい」は、目上の人からの挨拶。子どもが就寝する時の挨拶として、「お先に失礼します」という挨拶も教えておきましょう。

おぼえておきたいあいさつの言葉《ことば》

朝《あさ》➡「おはようございます」
昼《ひる》➡「こんにちは」
夜《よる》➡「こんばんは」

出《で》かける時《とき》は➡「行《い》ってきます」
帰《かえ》ってきたら➡「ただいま」

だれかと会《あ》ったら➡「こんにちは」
だれかとわかれる時《とき》は➡「さようなら」

雨《あめ》の日《ひ》は➡「雨《あめ》が続《つづ》きますね」
晴《は》れの日《ひ》は➡「今日《きょう》はいいお天気《てんき》ですね」
夏《なつ》の日《ひ》は➡「今日《きょう》は暑《あつ》いですね」
冬《ふゆ》の日《ひ》は➡「今日《きょう》は寒《さむ》いですね」

ごはんを食《た》べる時《とき》は➡「いただきます」
ごはんを食《た》べ終《お》わった時《とき》は➡「ごちそうさま」

夜《よる》、寝《ね》る時《とき》は➡「お先《さき》に失礼《しつれい》します」

素敵《すてき》な日本語《にほんご》を教《おし》えましょう

- 家庭《かてい》で丁寧《ていねい》な言葉《ことば》を聞《き》かせよう
- 「おはよう」から「おはようございます」へ

言葉の〝真義〟を教える

日本語とは本当に素敵な言葉です。きれいな日本語は聞いているだけで気持ちよく、美しいもの。親が言葉の〝真義〟を理解して、きちんとした日本語を子どもに伝えてください。

例えば「パパ」に挨拶する時は「おはよう」が普通ですが、「お父さん」に挨拶する時は自然に「おはようございます」になるはず。「お父さん」が帰ってきたら「おかえり」ではなく「おかえりなさい」と言うようにすれば、自然に正しい形の日本語が身につくでしょう。

核家族が増えた現在、家庭の中の会話が友だち会話に近くなってしまっています。子どもはふだん敬語で話しかけられることがないので、敬語の言葉そのものを耳にする機会がなく、両親に向かっても「おはよう」「おかえり」と言ってしまいがちです。しかし、それでは社会に出た時に通用しません。本来の正しい形をやはり子どもにも教えておくべきです。家庭の中でこそ、丁寧な言葉を聞かせておきましょう。

友だちと気持ちよい挨拶

朝《あさ》、友《とも》だちに会《あ》ったら「おはよう！」

朝《あさ》、お父《とう》さんやお母《かあ》さんには

「おはようございます」

家《いえ》に帰《かえ》ってきた時《とき》は

「おかえり」の言葉も、親から子どもに言う時は「おかえり」。子どもから親に言う時は「おかえりなさい」。目上の人への言葉をはっきり区別するように教えましょう。

背《せ》筋《すじ》と両《りょう》手《て》を伸《の》ばして挨《あい》拶《さつ》を

- お辞《じ》儀《ぎ》する時《とき》は、きちんと立《た》ち止《ど》まる
- 腕《うで》から指《ゆび》先《さき》までぴしっと伸《の》ばして
- 堂《どう》々《どう》＆きちんとふるまおう

両手は横でぴしっと揃える

歩きながら挨拶をするのは相手に対して失礼なことです。きちんと立ち止まって、相手の目を見て挨拶をするように教えてください。立ち止まって会釈をするのが正しい挨拶です。

また、正式の場で挨拶をする時は、きちんと立って、背筋を伸ばしてからお辞《じ》儀《ぎ》をします。この場合、両手はだらんとさせず、体の両横でぴしっとまっすぐ揃えます。この時、指の先にまで意識を向けることで、手と腕全体がぴしっと伸びます。

手を後ろで組んで挨拶をする大人もいますが、これはとても失礼なことです。手を後ろに隠すということは、武器を後ろに隠している可能性があるとも考えられるので、相手に不安感を与えるという説があるほど。まして子どもが後ろで手を組んで挨拶をするということは、大変失礼な態度です。

挨拶は指先まで意識して

立《た》ってあいさつをする時《とき》は、
指《ゆび》の先《さき》までぴんとのばして！

挨拶の時の姿勢

両手《りょうて》とせなかをきちんとのばして

あいさつをしよう！

立ち止まって挨拶を

走《はし》りながらあいさつをしたり、
手《て》をポケットに入《い》れていたり……。
こんなあいさつをしていないかな？

◆◆◆

手を隠したままの挨拶は、とても失礼！　知っている人に会ったらきちんと立ち止まり、背筋、手、指先を伸ばして挨拶するようにしましょう。

正《ただ》しいお辞《じ》儀《ぎ》の仕《し》方《かた》を覚《おぼ》える

- 頭《あたま》を上《あ》げる時《とき》は、ゆっくりと
- 頭《あたま》を下《さ》げる角《かく》度《ど》には意《い》味《み》がある！

頭の上に「いただく」気持ちで

お辞儀とは、ものをいただく時の作法が基となっています。〝頂《いただき》〟とは、山の頂上のこと。ものを頂戴した時に、頭より高く持ち上げることが「いただく」時の作法になります。お辞儀をするというのは、相手を自分の頭より高く持ち上げ、相手を鄭重《ていちょう》に「いただいて」いることを表す行為です。最敬礼ではさらに深く頭を下げて、相手を尊重している気持ちを表します。

頭を下げる時はすばやくてもいいのですが、上げる時には下げた時よりもゆっくりと上げましょう。あごを出したままでのお辞儀では姿勢が悪く見えるうえに、相手に対しても悪い印象を与えてしまいます。

現在、本当の意味を知らず、「〇度の角度で頭を下げる」といった形だけが伝えられているのは残念なことです。本来の意味を知っていれば、その時のシーンに合わせておのずとお辞儀の角度も変わってくるでしょう。それが、本当の作法の形というものです。

お辞儀の速さ

ていねいにあいさつをする時《とき》は、
ゆっくりと頭《あたま》を下《さ》げましょう

お客《きゃく》さまには目線《めせん》を上《うえ》に

- 相手《あいて》を下《した》に見下《みお》ろさない配慮《はいりょ》
- きちんと正座《せいざ》ができる子《こ》どもに

座って挨拶する時の形は？

家庭訪問などで家に伺う機会があっても、子どもは「玄関でお客さまを迎える時は、座って迎える」という作法を教わっていません。相手より高い位置に立ち、相手を見下ろすということはとても失礼なことです。お母さんが「ちゃんと座って！」と叱る姿をよく見ますが、これはお母さんの失敗。あらかじめお客さまが来る前にきちんと正しい作法を教えておきましょう。

子どもたちには形を教えると同時に、心の持ち方も教えてください。作法の原点とは、相手を大事にするというところにあります。それを理解すれば、お客さまを見下ろしてはいけないと気づくでしょうし、おのずと座るという行為にもつながるはずです。

その原点を教えれば、「だからお客さまがいらした時は、玄関先に座って迎えるんだな」ということが子どもにもわかります。ものごとは基本さえ教えておけば、その場に応じた応用もできるようになるのです。

玄関先での挨拶

立《た》ったままであいさつをするのは、
とても失礼《しつれい》なこと……！

◆ ◆ ◆

本来、玄関で挨拶をする時は床に座って挨拶をします。ただし、最近のマンションでは段差の小さい玄関も多いので、その場合は立ったまま失礼のないように挨拶をしましょう。

すわってあいさつをする時《とき》は
きちんと正座《せいざ》をして

正しい座礼の基本

手《て》と足《あし》の先《さき》を少《すこ》しかさねて

おじぎをする時《とき》は、指《ゆび》をきちんとそろえて

「ありがとう」は魔法《まほう》の言葉《ことば》

- うれしい時《とき》は素直《すなお》に「ありがとう」
- 「ありがとう」の意味《いみ》を考《かんが》える

「ありがたい」は「有り難い」

「ありがとうございます」というのは、意味の深い言葉です。そもそもの語源は「有《あ》る事難《ことかた》し」で、「当然ではない」「めったにないことだ」という意味でした。

水があることも、太陽があることも、空気があることも、本来は「有り難い」こと。これらがなければ皆死んでしまいます。さらに、この世に人間として生を受けること、それ自体がまさに、「有り難い」ことです。私たちが今ここにいることが「有り難い」。だから人生というものは非常に尊いのです。それを当たり前だと思ってしまったら、本当の感謝は生まれません。

子どもに「ありがとう」を教える時は、「有る事難し」という本当の意味を教えてください。単なる言葉ではなく、その心の持ちようが重要です。それを教えておけば、命を粗末にすることはないでしょう。そして、小さな子どもにはできるだけ大人から「ありがとう」と告げて、感謝されることの気持ちよさを教えましょう。

感謝の心を告げる時

だれかにうれしいことをしてもらったら

「ありがとう！」

こんな時に「ありがとう」

たとえば
プレゼントを
もらった時《とき》……

たとえば
お母《かあ》さんが
だいすきな
ケーキを焼《や》いて
くれた時《とき》……

「ありがとう」がいっぱい！

ごはんを作《つく》ってもらったら**「ありがとう」**
おやつをもらったら**「ありがとう」**

よごれた服《ふく》をあらってもらったら**「ありがとう」**
お部屋《へや》のそうじを手《て》つだってもらったら**「ありがとう」**

高《たか》いところにあるものを取《と》ってもらったら**「ありがとう」**
重《おも》いものを運《はこ》んでもらったら**「ありがとう」**

質問《しつもん》に答《こた》えてもらったら**「ありがとう」**
宿題《しゅくだい》を手《て》つだってもらったら**「ありがとう」**

重《おも》いドアを開《あ》けて待《ま》ってくれていたら**「ありがとう」**
席《せき》をつめて、すわれるようにしてくれたら**「ありがとう」**

「ありがとう」はこんなにいっぱい！
「ありがとう」がたくさんある日《ひ》は、
きっと楽《たの》しい日《ひ》だよ！

「ありがとう」っていえると、
みんながうれしくなるよ！

「ありがとう」への返答

そしてだれかが
「ありがとう」といってくれた時《とき》は、

他家《たけ》を訪問《ほうもん》する時《とき》は「失礼《しつれい》します」

- 最初《さいしょ》に「失礼《しつれい》します」「お邪魔《じゃま》します」
- 帰《かえ》る時《とき》は「失礼《しつれい》しました」「お邪魔《じゃま》しました」

「さようなら」から「失礼しました」

「失礼します」という挨拶は、礼を失してしまった時に「失礼しました」と言うのが本来。ただし、あらかじめ非礼をわびておきたい時にも「失礼します」と使います。

部屋を出る時、訪問先から帰る時は、「失礼しました」「お邪魔しました」と挨拶をします。これは、「おやかましゅうございました」「静かなところが私のせいで騒がしくなって、お騒がせいたしました」の意味。ですから、「平穏無事な場を乱してしまってお邪魔しました」という気持ちで挨拶します。

ちなみに、「さようなら」というのは「左様《さよう》ならばこの辺で失礼します」を略したものです。しかし、最近はあまり「さようなら」という挨拶を使わないようです。言葉とは、時代とともに変遷するもの。「さようなら」があまり使われなくなってきた代わりの表現として、「失礼しました」が使われるようになりましたが、これも言葉の移り変わりの一つでしょう。

他家を訪れた時の挨拶

友《とも》だちの家《いえ》に遊《あそ》びに行《い》く時《とき》のあいさつは

「おじゃまします」

職員室《しょくいんしつ》に入《はい》る時《とき》のあいさつは**「失礼《しつれい》します」**

◆ ◆ ◆

職員室に入る時は、入り口で「失礼します」と挨拶をします。中にいる人たちに聞こえるよう、はっきりと大きな声で挨拶をすることが大切です。

訪問先や職員室を出る時の挨拶

帰《かえ》る時《とき》のあいさつは
「失礼《しつれい》しました」「おじゃましました」

◆ ◆ ◆

職員室を出る時は「失礼しました」、訪問先から帰る時は「お邪魔しました」の挨拶を。「お騒がせしました」の気持ちを込めて挨拶をします。

野口先生の子どもたち

ここでは、野口先生が現役の小学校教師だった頃、印象に残った子どものエピソードをご紹介します。

みっちゃんのもてなし

「先生、いらっしゃい。お待ちしてましたぁ」

と、少しはしゃいで私を迎えてくれたのは、小学校三年生のみっちゃんでした。

「こんにちは。お邪魔しますよ。——暑いねぇ。この二、三日は格別だ」

「すぐ扇風機をつけますから、どうぞ、先生お上がりください。先生、オレンジジュースとアイス・コーヒー、どっちがいいですか」

「そうだなぁ。のどが渇いているから、先生は、両方ごちそうになりたいなぁ」

「わあ、先生欲張りだ！　でもいいです。両方用意してありますから」

彼女はそう言うと台所の方に消えました。私は、勧められた座布団にあぐらをかいて、みっちゃんがつけてくれた扇風機に胸を広げました。涼しい風に当たると、さしもの汗もすうっと引いていくようです。

まもなくみっちゃんが、

「お待たせしました、先生。はい、ご注文の通り、両方お持ちしましたから」

と、ちゃんと座って私に飲み物を勧めてくれました。私はさっそく、

「ありがたい、ありがたい。じゃあ、ごちそうになるよ。——ああ、うまい！」

と冷たいジュースを一気に飲み干しました。それはそれはおいしかったです。みっちゃんも、とてもうれしそうです。

――それにしても、と私は思いました。今日は家庭訪問の日なのですが、普通はどこでもお母さんが担任を迎えてくれるのに、そのお母さんが出てきません。

「みっちゃん。お母さんは留守なの？」と、アイス・コーヒーに口をつけながら、私は尋ねました。するとみっちゃんは、

「母ですか。母はおります。今、呼んできますから」

と言って、また台所の方に消えました。まもなく、お母さんが現れました。

お母さんと挨拶を交わした後で、くつろいだおしゃべりになり、ことのてん末がわかりました。

私の家庭訪問に対しては、迎え方、もてなし方、挨拶の仕方、そして飲みものの準備まで、「私にさせて」とみっちゃんが言ったのだそうです。お母さんは、「それは偉い」と彼女をほめ、一切を任せてみたというのです。――私は、うなりました。「チャンスを生かす」という教育の、これは見事なお手本だ、と思ったからです。

第2章

話《はな》す時《とき》と聞《き》く時《とき》の作法《さほう》

目上《めうえ》の人《ひと》から何《なに》かを問《と》われた時《とき》、そして何《なに》かをお願《ねが》いしたい時《とき》、ちょっとしたひと言《こと》を加《くわ》えるだけで、ずい分《ぶん》と印象《いんしょう》が変《か》わります。他人《たにん》によい印象《いんしょう》を与《あた》える会話《かいわ》の作法《さほう》を学《まな》びましょう。

目上《めうえ》の人《ひと》には丁寧語《ていねいご》で話《はな》す

- 親《した》しい人《ひと》には親《した》しい言葉《ことば》で
- 親《した》しみすぎて、言葉《ことば》が崩《くず》れるのは×

親しき仲にも礼儀あり

子どもには子どもらしい敬語があります。子どもが目上の人と話す時は丁寧語が基本。例えば学校の先生に「この雑巾をすすいできて」と言われた時に、「わかったよ」と答えるようでは問題です。この場合は「わかりました」と答えるべきで、これが子どもにふさわしい敬語（丁寧語）です。

祖父母に「よく来たな」と言われた時には、堅苦しく「はい」と答えるよりも「うん！」と答えた方が親しみやすく、喜ばれるでしょう。近所の人の場合、頻繁に会う人とたまにしか会わない人とでは親しみ方が違うもの。それによって話し方も変えるべきです。「遠い人ほど丁寧語を使い、近い人ほど親しい言葉で話す」と理解しましょう。

ただし、親しい言葉で話す時には、親しみすぎて言葉が崩れないように注意しましょう。「親しき仲にも礼儀あり」。相手に対して失礼がないように気をつけます。

相手に合わせた話し方

お父《とう》さん・お母《かあ》さん・友《とも》だち・先生《せんせい》・
おじいちゃん・おばあちゃん・隣《となり》の家《いえ》のおばさん。
どんなふうに話《はな》してる？

◆◆◆

目上の人には、丁寧語が基本。友だち、近所の人、先生、親戚など相手に合った話し方があることを子どもに教えておきましょう。

おじいちゃんや、おばあちゃんに聞《き》かれた時《とき》は？

8歳《さい》になったよ！

近所の人と話す時

隣《となり》の家《いえ》のおばさんに聞《き》かれたら？

たかしくんは
いくつになったの？

先月《せんげつ》で８歳《さい》になりました

お友《とも》だちに聞《き》かれたら？

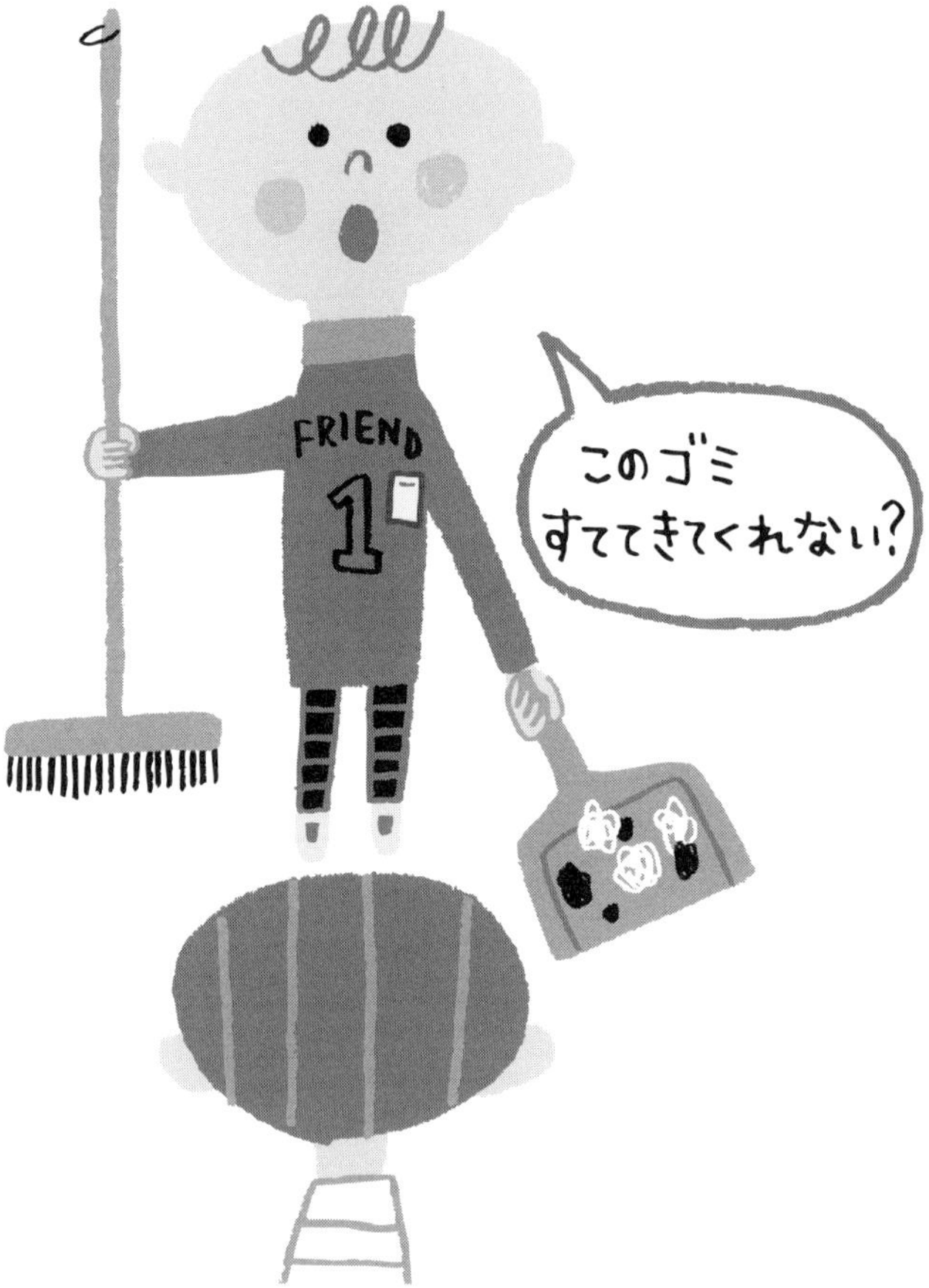
FRIEND
1
このゴミ
すててきてくれない？

いいよ！

先生と話す時

学校《がっこう》の先生《せんせい》に聞《き》かれたら？

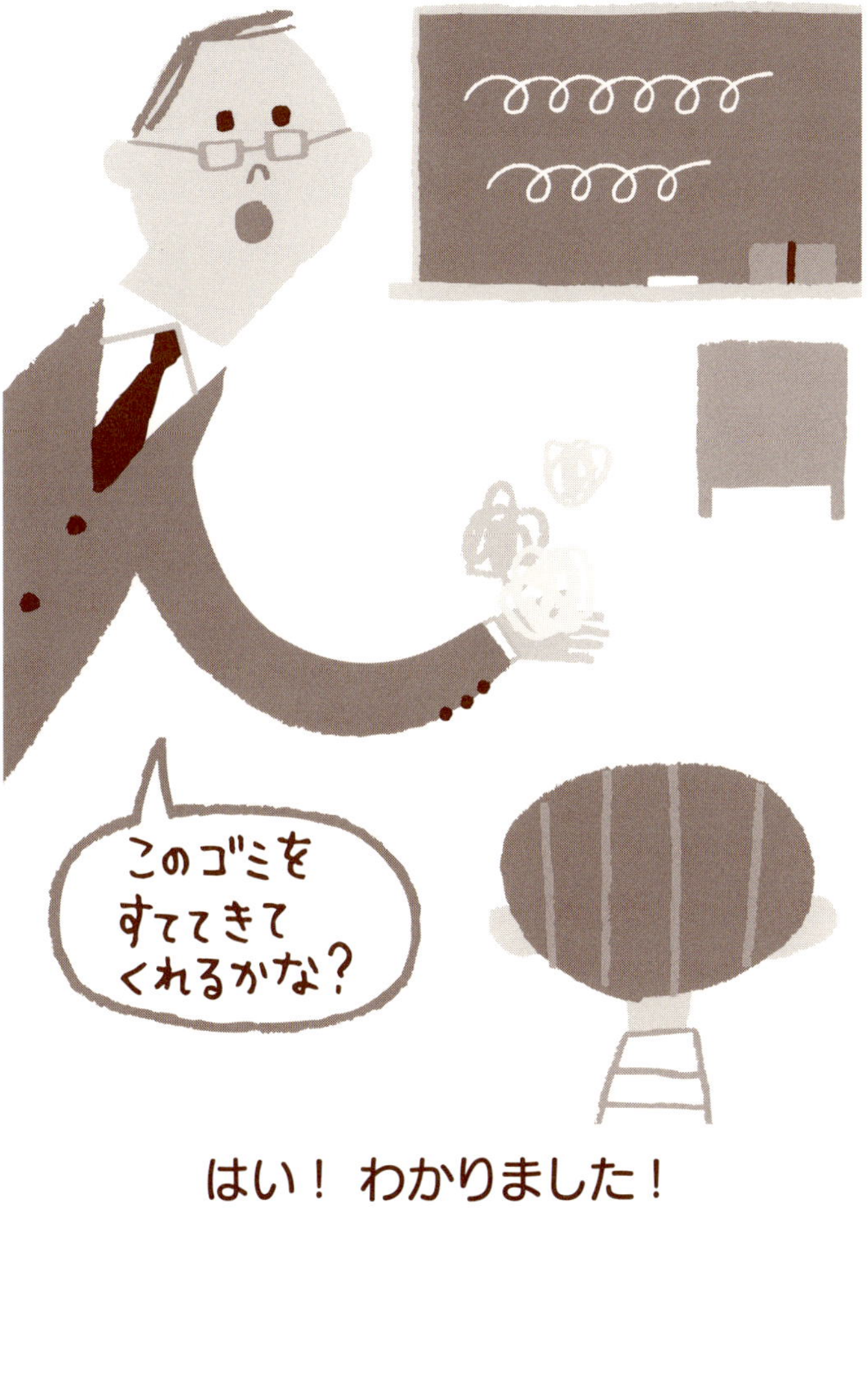
このゴミを
すててきて
くれるかな？

はい！　わかりました！

話《はな》しかけられても相手《あいて》を見《み》ないで
こんな返事《へんじ》をしていないかな？

相手《あいて》の目《め》を見《み》ながらゆっくり、はっきり、
ていねいに返事《へんじ》をしよう

いつ、どこで、誰《だれ》と話《はな》すのか考《かんが》える

- 状況《じょうきょう》に応《おう》じた話《はな》し方《かた》を教《おし》える
- 〝相手意識《あいていしき》〟〝状況意識《じょうきょういしき》〟〝方法意識《ほうほういしき》〟を理解《りかい》する

状況や相手にふさわしい話し方

他者と話をする時は、

・**相手意識**（話す相手を意識する）
・**状況意識**（話す場面や状況を意識する）
・**方法意識**（話す方法を意識する）

の三つの意識が必要です。

例えば子どもが祖父母と話をする時は、耳が遠くなっている祖父母のために、いつもよりも大きく、ゆっくり話す配慮が必要です。これが、相手に合わせる**相手意識**です。

騒がしい駅で話をする時は、よく聞こえるように少し大きな声で話をしなければなりません。逆に病院など静かな場所では、声を落として話す必要があります。これを状況に合わせる**状況意識**といいます。

また、例えば教室で話をする時も、授業中と自由時間では話し方を変えなければなりません。授業中に発言する時は、大勢の人に聞いてもらうためゆっくり、はっきり、大きな声で話します。これが**方法意識**です。

家で話す時

家《いえ》の中《なか》でお父《とう》さんやお母《かあ》さんと話《はな》す時《とき》は、
楽《たの》しく、にぎやかに

病院で話す時

病院《びょういん》で話《はな》す時《とき》は、
小《ちい》さな声《こえ》で、しずかにひっそりと

教室で発言する時

先生《せんせい》の質問《しつもん》に答《こた》える時《とき》は、
大《おお》きな声《こえ》で、はきはきと

お年寄りと話す時

おじいちゃんやおばあちゃんと話《はな》す時《とき》は、
大《おお》きな声《こえ》で、ゆっくり、はっきり

場面に合わせた話し方

いろんな場所《ばしょ》で、いろんな人《ひと》に合《あ》わせて
お話《はなし》できるようになりたいね

◆◆◆

乗りものの中や大勢の人がいる場所では、周囲への迷惑を考えて家の中とは話し方を変えることが大切。また、お年寄りや自分よりも小さな子への配慮も大事なことです。

言《い》いたいことがうまく伝《つた》わる方《ほう》法《ほう》

・"。(句点《くてん》)"の多用《たよう》と"、(読点《とうてん》)"の節約《せつやく》
・尻《しり》すぼみに注意《ちゅうい》! 最初《さいしょ》から最後《さいご》までわかりやすく

"。《まる》"の多用、"、《てん》"の節約

誰かと話をする時は、その内容が相手に伝わらなければ意味がありません。話の最後まで近づくと尻すぼみになってしまい、言いたいことがうまく伝わらないことがありますが、相手に気持ちを伝えるためには、話の内容を整理しながら、最初から最後までわかりやすく話すことが大切です。

通常私たちが話を聞く時は、相手の話の"。《まる》"の時に「うん、うん」とうなずいています。"。《まる》"がなく、"、《てん》"ばかりが続く話し方をされると、聞いている方はうなずくことができず、ずっと聞いていなくてはなりません。しまいには話が長くなり、結局何を言いたいのかわからなくなってしまいます。

話をする時には、相手が聞き返す必要がないよう配慮しながら、わかりやすいように話す必要があります。そのためには、相手が理解しやすいように文の長さを短くして、"。《まる》"で整理しながら話をすることが大切です。

わかりやすい話し方

お話《はなし》をする時《とき》、
きちんとわかりやすくお話《はなし》できているかな？
いいたいことが、きちんといえたかな？

短く、はっきり話す

話《はな》しているとちゅうで
いろいろな話《はなし》がしたくなって、
話《はなし》がなが〜くなっていないかな？

「おもしろいね！」って
いってもらえるよう、わかりやすく、
はっきりお話《はなし》しよう

◆◆◆

わかりやすく話すためには ●話し出す前に、その内容を整理する ●ひとつの文が長くなりすぎないようにする ●ゆっくり、はっきり、聞こえやすいように話す

質《しつ》問《もん》された時《とき》は「はい」「いいえ」

- 何《なに》かを聞《き》かれたら「はい」「いいえ」で答《こた》える
- 問《と》われた内容《ないよう》についてきちんと答《こた》える

まずはじめに「はい」「いいえ」

子どもが目上の人から何かを問いかけられた時は、「はい」「いいえ」で答えるように教えましょう。「はい」「いいえ」は自分の立場を端的に伝える言葉です。まずはじめに「賛成です」、または「反対です」という立場を相手に簡潔に伝えてからその理由を説明すると、話がわかりやすくなります。

また、何かを問われた時には、「問われたこと」について答えることが大事です。大人でも問いかけられたことに答えず、逆に問われてもいないことを答える人がいますが、「いくつになった?」と聞かれて「みつお君と同じだよ」という返事では、相手の問いに答えたことにはなりません。この場合はきちんと「七才になりました」と答えるべきです。

また、何かを聞いて教えてもらっても黙ったままで、返事に対するお礼を言えない子どももいるようです。きちんと「ありがとうございます」とお礼を述べるように教えましょう。

質問をされた時

これをはこんでおいて
もらえるかな？
BALL

きょうのとうばんは
みどりちゃんかな？
月
日
( )

こんなふうに聞《き》かれたら、何《なん》て答《こた》える？

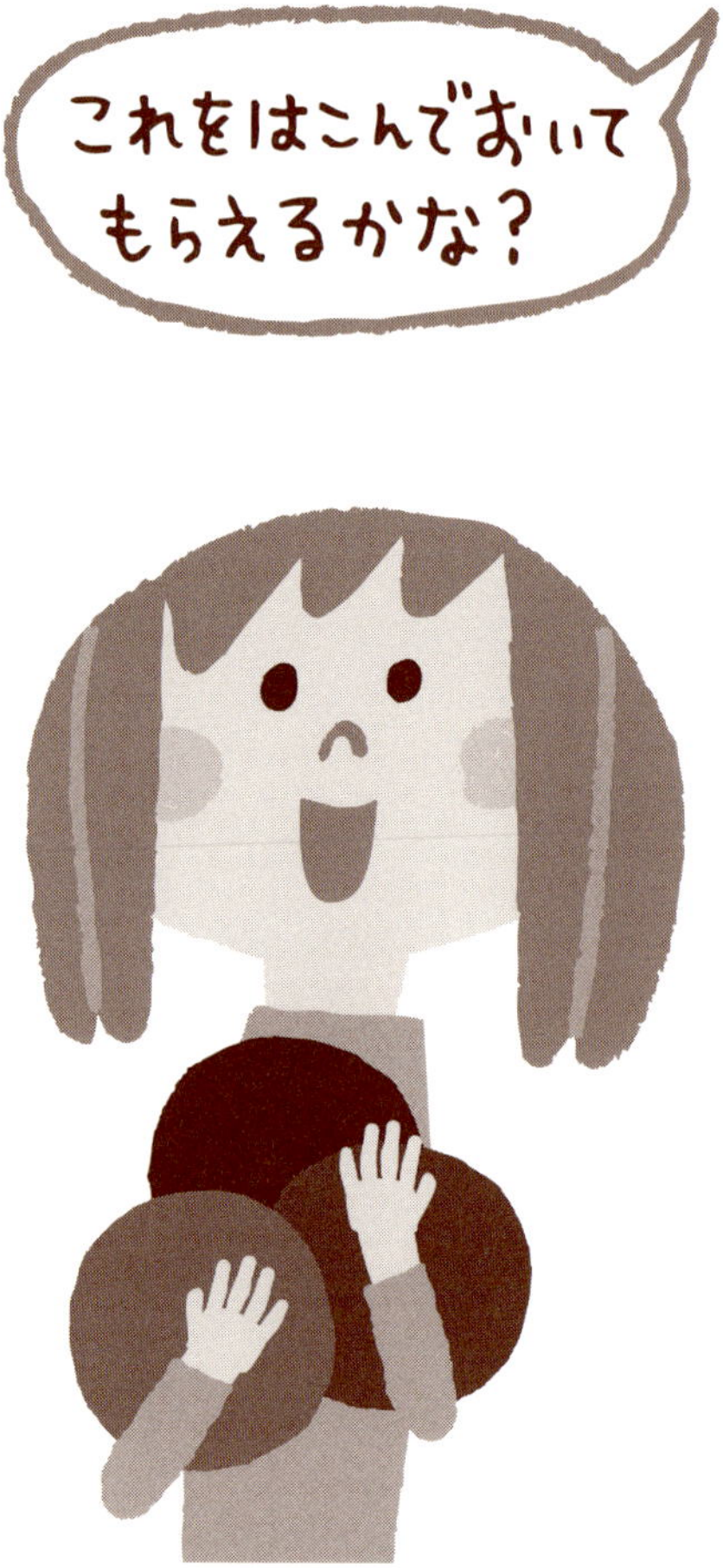
これをはこんでおいて
もらえるかな？

はい！ わかりました

「いいえ」で返事

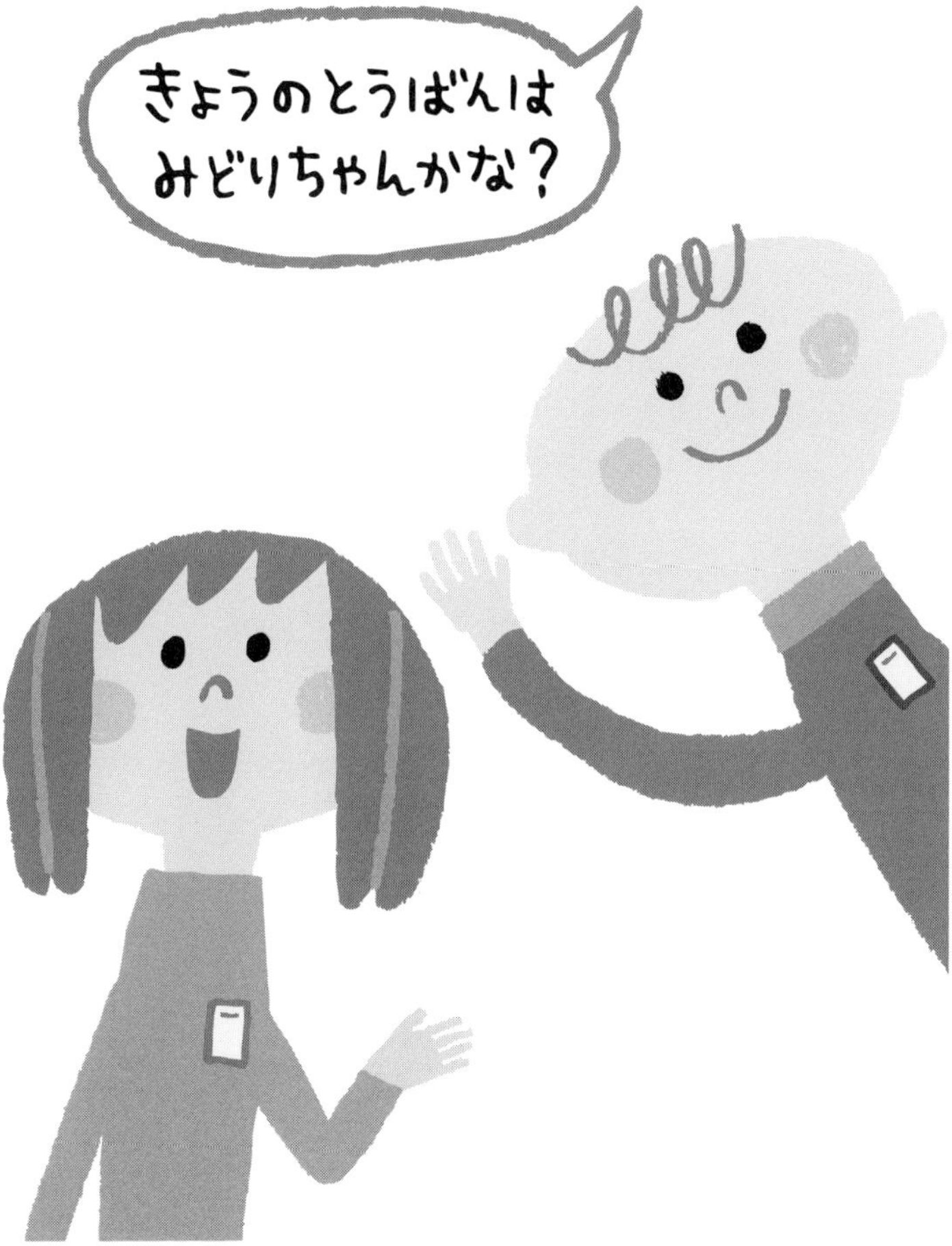
きょうのとうばんは
みどりちゃんかな？

いいえ！ きょうからさとし君《くん》が当番《とうばん》です

「はい」「いいえ」で明確に

返事《へんじ》をする時《とき》は、まずはじめに

「はい」「いいえ」

答えてもらった時は「ありがとう」

質問《しつもん》に答《こた》えてもらった時《とき》は？

お願《ねが》いする時《とき》の「すみませんが」「お願《ねが》いします」

- お願《ねが》いする時《とき》は、きちんとした言葉《ことば》で
- 「ありがとうございました」を忘《わす》れずに

「すみません」を声に出す

何かをお願いする時は、まず何をお願いしたいかをきちんと伝えなくてはいけません。また、お願いする時は、「お願いします」「すみませんが……」といった言葉が自然に出てくるような心の持ち方が大切です。

例えば親に学校の集金のためのお金を出してもらう時、「すみませんが、集金のお金をお願いします」と口にすれば、大事なお金を私のために出してもらうという意識が生まれます。単に集金袋を差し出し、「これ」と言うだけでは感謝の意識は生まれません。さらには親を親とも思わない、人を人とも思わない子どもになってしまわないとも限りません。

言葉というのは、心の表現です。子どもの言葉のままで結構ですが、お願いをする時はきちんとお願いをさせましょう。そしてお願いを聞き届けてもらった時には、「どうも」などと曖昧にすませず、「ありがとうございました」と言わせるしつけが大切です。

感謝の気持ちを育てる

お父《とう》さん、お母《かあ》さんは

いろんなことをしてくれているね

「お母さん」がしてくれること

たとえば、
毎日《まいにち》ごはんを
作《つく》ってくれる

「お父さん」がしてくれること

お仕事《しごと》でもらった
お給料《きゅうりょう》から、
お小遣《こづか》いをくれる

お父《とう》さん、お母《かあ》さんがしてくれること

・よごれた服《ふく》を、きれいに洗濯《せんたく》してくれる
・お部屋《へや》をきれいにお掃除《そうじ》してくれる
・おいしいおやつを用意《ようい》してくれる
・気持《きも》ちのよいお風呂《ふろ》を準備《じゅんび》してくれる

・宿題《しゅくだい》を手《て》つだってくれる
・困《こま》った時《とき》にお話《はなし》を聞《き》いてくれる
・わからないことを教《おし》えてくれる

・病気《びょうき》の時《とき》に、看病《かんびょう》してくれる
・毎日《まいにち》、健康《けんこう》に生活《せいかつ》できるか注意《ちゅうい》してくれる

・すてきなプレゼントをくれる！
・行《い》ったことのない場所《ばしょ》へ連《つ》れて行《い》ってくれる

お父《とう》さんやお母《かあ》さんがしてくれることは、

こんなにいっぱい！

いっぱい、いっぱい「ありがとう」をいおうね！

何《なに》かしてもらいたい時《とき》には、きちんと

といえるようになろう

何かをしてもらった時のお礼

そして何《なに》かをしてもらったら

とお礼《れい》をいおう

◆ ◆ ◆

「ありがとう」「お願いします」という言葉を口にすることで、感謝の念が生まれます。いつもしてもらっていることを当たり前ととらえず、感謝の気持ちを抱く子どもに育てましょう。

お客《きゃく》さまにきちんと挨拶《あいさつ》ができる子《こ》どもに

- 自分《じぶん》の友《とも》だちでなくてもきちんと挨拶《あいさつ》を
- 「訪問《ほうもん》してくれてありがとう」の気持《きも》ちを伝《つた》える

あらかじめの練習が大切

来客があるとわかっている時は、お客さまの迎え方を子どもに前もって教えておきましょう。作法を知っていれば子どもにとって来客が負担でなくなり、来客にほめられたらいい気持ちにもなるでしょう。

自宅に両親の知人が訪れた時は、まず迎える挨拶をきちんとすることが大事です。大きな声で、はっきりと挨拶をさせましょう。

次に、「失礼ですが、どちらさまでしょうか」と相手に名前を聞き、奥に戻って家の人に来訪者の名前を告げます。「山田さんがいらっしゃいました」「山田さんがみえました」と丁寧な言い方を教えておきましょう。

挨拶をする時、そして先方の名前を聞く時には、ゆっくり、はっきり、わかりやすく話します。あらかじめ練習しておくことは大切ですが、丸暗記のままぺらぺらと言うのでは相手に失礼。丁寧な話し言葉で落ち着いて話すように練習させておきましょう。

来客への対応

玄関《げんかん》にお客《きゃく》さまがきた！　どうすればいい？

こんにちは

◆ ◆ ◆

最近では物騒な事件も起きて、残念ながら子どもだけで来客の応対をするのは危険な場合もあります。家に誰もいない場合の応対もきちんと教えておきましょう。

インターフォンの場合　●インターフォンごしに「どなたですか？」と聞く ●相手が聞き取りやすいよう、はっきりとした口調で話す ●大人がいない時はドアを開けず、相手の名前と用件だけを聞いておく

失礼《しつれい》ですが、どちらさまでしょうか

やまだと
もうします。
おかあさんは
いらっしゃいますか？

少々《しょうしょう》お待《ま》ちください

家の人に来訪を告げる時

○ お母《かあ》さん！ 山田《やまだ》さんがいらっしゃいました

× お母《かあ》さん！ 山田《やまだ》さんがきたよ！

お客さまと話す時

お客《きゃく》さまと話《はな》す時《とき》は、
ゆっくり、わかりやすく、ていねいに話《はな》そう

◆ ◆ ◆

家に来客があった場合は、「家族の来客」として子どもにも挨拶をさせましょう。ただし、その場に居座り、大人の会話に口をはさむようなことは避け、挨拶をしたらさっと引き上げるように教えておきます。

電話《でんわ》での受《う》け答《こた》えを教《おし》える

- 電話《でんわ》を取《と》る時《とき》は、まず自分《じぶん》から名乗《なの》る
- 相手《あいて》の名前《なまえ》を聞《き》いてメモを取《と》る
- ゆっくり、はっきり、わかりやすく話《はな》す

電話での受け答えを教える

電話の受け答えを子どもに教えていない家が多いようです。

かかってきた電話を子どもが受ける時は、「はい（はい）、〇〇（苗字）でございます。どちらさまでしょうか」と答えられるよう、あらかじめ子どもに教えておきましょう。相手の名前を確認した後、親が家にいる時は「少々お待ちください」と言ってから、「〇〇さんからお電話です」と電話をまわします。親が不在の場合は「あいにく留守にしております」と不在を告げた後、電話番号を確認してメモを取ります。

「電話がかかってきた時はこういう風に答えるのよ」と教えておけば、子どもは電話を怖がらず、むしろ進んで電話を取るようになるでしょう。作法をきちんと心得させておけば、「教えられたようにやればいいんだ」という自信をつけることができるのです。

電話の対応

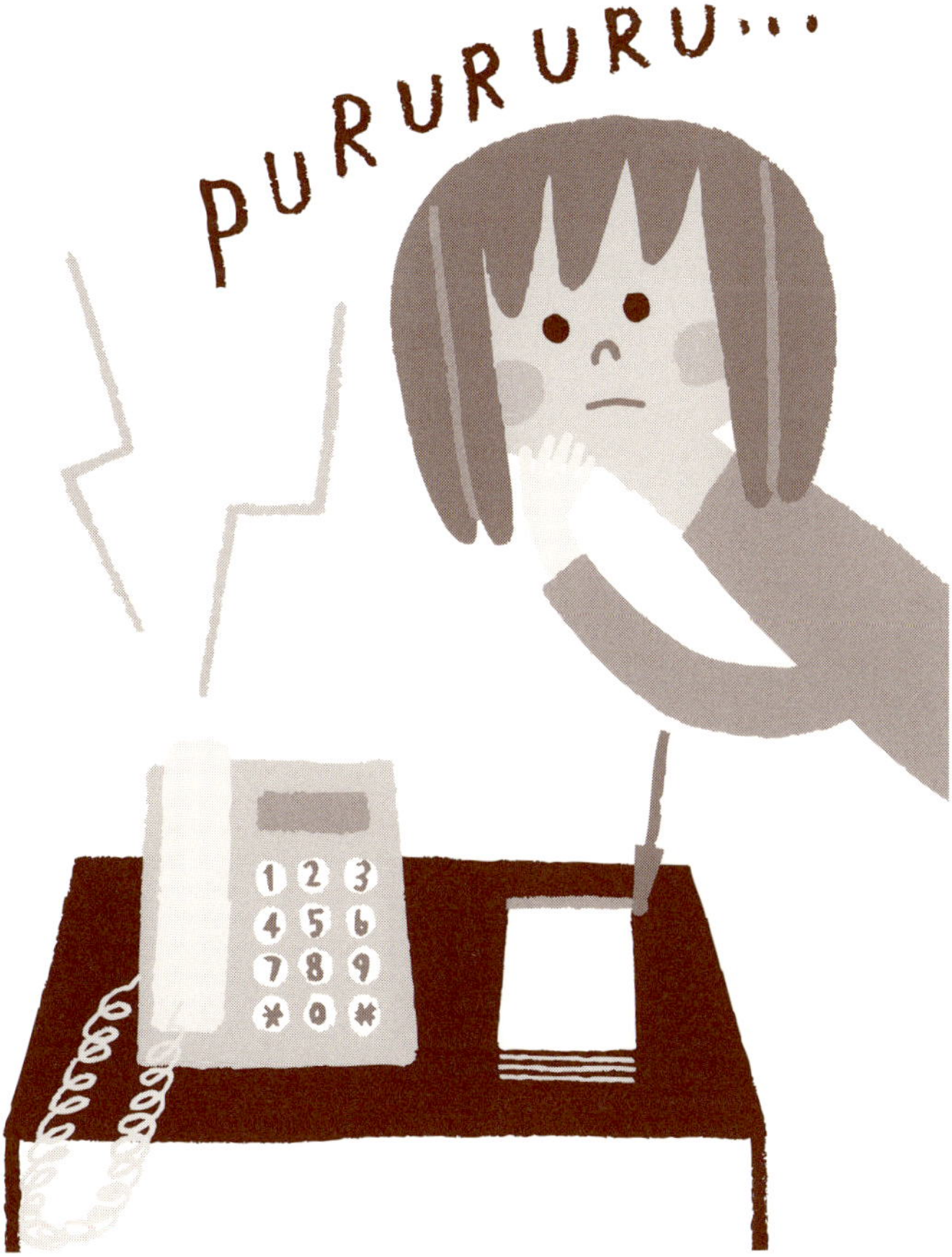
PURURURU…

電話《でんわ》がかかってきた！　さあどうする？

まず、名前を告げる

はい（はい）、鈴木《すずき》でございます。

どちらさまでしょうか？

相手の名前を伺う

わたなべと
いいます。
おかあさんは
いらっしゃいますか？

あいにく母《はは》は外出《がいしゅつ》しています

お電話《でんわ》があったことを伝《つた》えますので、もう一度《いちど》お名前《なまえ》と、お電話番号《でんわばんごう》をお聞《き》きしていいですか？

◆◆◆

電話を取る時の注意 ●まず、こちらから名乗る ●相手の名前を確認 ●家の人が不在の場合は相手の名前と電話番号をメモに取る ●最後に、もう一度内容をくり返して確認する

電話の内容を家の人に告げる

聞《き》いたことはメモに書《か》いて、
家《いえ》の人《ひと》が帰《かえ》ってきたらそのメモを渡《わた》そう

野口先生の子どもたち

ここでは、野口先生が現役の小学校教師だった頃、印象に残った子どものエピソードをご紹介します。

電話の受け方の名人

小学校1年生のＰＴＡ役員は、保護者同士もまだ知り合いでないので、担任があらかじめ目星をつけて、お願いしておく、というのが私の学校ではしきたりになっていました。そこで私は、いちばん下の子が1年生になったばかりの川崎さんにお願いしてみようと考えたのです。

電話をかけると、電話口に出たのは、1年生の辰生くんでした。

「はい、はい。川崎です。——どちらさまですか?」と、はきはき、ゆっくり、とてもしっかりした言葉で話したのです。

「やあ、野口先生だよ。立派な電話の受け方だねぇ。感心、感心。お母さんは?」

「はい、お母さんと代わります。少し、お待ちください」

これも、落ち着いて堂々とした受け答えです。1年生になったばかりなのに——。

　まもなく、お母さんが電話にお出になりました。私は、用件はそっちのけで、「やあ、川崎さん。お見事な家庭教育ですねぇ。辰生くんの電話の受け方にはすっかり感心してしまいました。下手な大人は顔負けですよ。電話の受け方の名人です」と、ありのままの感動をお伝えしました。すると、川崎さんは恐縮しながら、

「いえ、いえ、先生。やっと何とか形になってきたんですよ。何度も、何度も練習をさせましてねぇ。丸暗記ではなく、丁寧で心がこもった口調が大切だからって、それはおばあちゃんの教育でした。でも、先生、何とかさまになっていましたか」とおっしゃいました。

「何とか、さまになってた、なんてもんじゃないですよ。あれは、お手本です。さっそく私はうちの子どもにも教えます。それから、クラスの子にも教えることにしますよ」と、申し上げました。それが私の素直な気持ちでした。

それにしても、と私は思うのです。「やはり、教育の成果なんだなぁ――」と。辰生くんがあんなに立派な電話の応対ができるようになるまでには、お母さん、お父さん、おばあちゃんたちの教えや、励ましがちゃんとあったのです。それがなされていたからこそ、辰生くんは電話の受け答えが立派にできるようになったのだ、と改めて思いました。

私は、さっそく、うちの子どもにも教え、クラスの子にも教えました。そして、いろいろな方に喜んでもらうことができました。そうそう、川崎さんにはＰＴＡの役員を引き受けてもらうことができましたよ。

第3章

食事《しょくじ》の作法《さほう》

子《こ》どもが他人《たにん》と一緒《いっしょ》に食事《しょくじ》をする機会《きかい》は、意外《いがい》に多《おお》いものです。基本的《きほんてき》な作法《さほう》を身《み》につけていないと、不愉快《ふゆかい》な印象《いんしょう》を与《あた》えることも。気持《きも》ちよく食事《しょくじ》を取《と》るための作法《さほう》を学《まな》びます。

「いただきます」の意味《いみ》を教《おし》える

- 「食《た》べものの命《いのち》をいただく」ことへの感謝《かんしゃ》
- 調理《ちょうり》をしてくれた人《ひと》への感謝《かんしゃ》

「命をいただきます」という気持ち

食事を始める時は、皆で揃って「いただきます」と挨拶します。「いただきます」とは、それぞれの食材の「命をいただきます」という意味。海外では、日本語の「いただきます」に当たる言葉はないようです。「いただきます」という挨拶を三度三度交わして食べるという日本の慣習は、本当に美しいものだと思います。

私たち人間も動物ですから、食べなくては生きていけません。食べるということは、食べものの命をいただくということです。仏教には「法界万霊《ほうかいばんれい》」という言葉がありますが、これは、この世の中のすべてに霊が宿っているという考え方。すべてのものに心があり、神が宿っているという考え方から、「いただきます」という言葉が生まれるのです。

「いただきます」は、食べものに感謝する心を表した非常に謙虚な言葉です。子どもにその意味を話しておけば、自然と手を合わせ、頭を下げたい気持ちになるはずです。

食べものはどこから来る？

毎日《まいにち》食《た》べているごはんは、

どこからくるの？

ウシ・ブタ・ニワトリ・ニンジン・タマネギ・
ダイコン・ジャガイモ。
みんな、鳴《な》いたり、走《はし》ったり、
お水《みず》を飲《の》んだりしていたんだ

調理する人への感謝

それらの命《いのち》を一生《いっしょう》けんめい
お料理《りょうり》してくれる人《ひと》がいるから、
おいしいんだね

ごはんを残《のこ》すと、みんながっかりしちゃうよ

「いただきます」の気持ち

ブタさん、ありがとう。ニンジンさん、ありがとう。ごはんを作《つく》ってくれたお母《かあ》さん、ありがとう

「いただきます」の挨拶には、食べものの命や、調理してくれた人への感謝の気持ちが込められています。食事の度に「いただきます」と口にすることで、食べものへの感謝の念が生まれます。

「ごちそうさま」で気持《きも》ちを伝《つた》える

- 「いただきます」「おかわり」「ごちそうさま」が言《い》える子《こ》に
- 「どうもありがとう!」という気持《きも》ちをはっきり伝《つた》えよう

「ごちそうさま」の意味は?

食事中、もっと食べたくなったら、「おかわり」をお願いします。この時も、単に「おかわり」と言うのではなく、「すみませんが、おかわりをお願いします」という言い方を子どもに教えておきましょう。黙って茶碗を差し出すのは、もってのほかです。

食べ終わった時の挨拶は、「ごちそうさま」。この「ごちそうさま」とは、漢字では「ご馳走さま」と表します。食事を作る人が、乗りものや足で走りまわって材料を揃え、さまざまな人々の手を経てきた料理がここにある。それをいただき、食べ終わった時の「今日の食事のために手をわずらわしてくれて、どうもありがとう」という気持ちが、この「ご馳走さま」には込められています。

「馳走」の前と後に敬語(〝ご〟と〝さま〟)がつくのも、日本文化のすばらしさと言えるでしょう。子どもには「ごちそうさま」が持つ本来の意味も教えておきたいものです。

おかわりしたい時

これ、おいしい！　もっと食《た》べたい！
とおもった時《とき》は？

だまっておちゃわんを出《だ》したり……
いばって**「おかわり！」**といったり。
してないよね？

食べ終わった時の挨拶

食《た》べ終《お》わったら、

「おいしいごはんを、どうもありがとう！」

の気《き》もちをこめて

楽《たの》しい会《かい》話《わ》も食《しょく》事《じ》作《さ》法《ほう》のひとつ

- きちんと席《せき》について、楽《たの》しい話《わ》題《だい》を提《てい》供《きょう》する
- 食《しょく》事《じ》中《ちゅう》はＴＶを消《け》そう

会話を食事の主役に

食事中の作法では、会話がとても大切です。相手がいて、楽しい会話があるからこそ食事は楽しくなります。また、その時の話題も非常に重要。悪いウワサ話や世間の悪口ばかりの会話よりも、「今日はこんなうれしいことがあった」という話をする家庭の方が、子どもにもよい影響を与えます。

また、会話には、話題を提供する人と、それに耳を傾ける人が必要です。ただし、役割が固定してしまうのはよくありません。楽しい話題を提供するのはもちろん、相手の話に耳を傾け、うなずくのも大切な会話です。聞いている人がつまらなそうな態度では、話す気も失せてしまうでしょう。

食事の会話を邪魔するのがＴＶです。ＴＶが主役の食卓では、「これ、おいしいね」という言葉も出てきません。自分の席にきちんと座り、会話を楽しむことは、作法としてとても大切なことなのです。

食卓の会話

おいしくごはんを食《た》べるためのひみつ、
知《し》ってる？

楽しい話をする

お父《とお》さんやお母《かあ》さんに、
きょう学校《がっこう》であったことを
話《はな》してみよう

感謝の気持ちを伝える

「これ、おいしいな」とおもったら、
ごはんを作《つく》ってくれた人《ひと》に
「おいしい！」って伝《つた》えてみよう

用もなく離席しない

ごはんのとちゅうで
どこかに行《い》っちゃったり……

食事中のＴＶ

テレビに夢中《むちゅう》になっていると、

ごはんがおいしくなくなっちゃう

イヤな話をしない

お友《とも》だちのわる口《ぐち》をいいながら食《た》べると、
ごはんもまずくなっちゃう

きょう、いちばん楽《たの》しかったことなどを
話《はな》しながら食《た》べると、
ごはんがもっとおいしくなるよ！

◆ ◆ ◆

楽しくご飯を食べる時の作法　●ＴＶを消して、会話を楽しむ ●皆が楽しめる話題を選ぶ ●食べている間はきちんと座る ●「いただきます」「ごちそうさま」を忘れない！

ご飯《はん》は残《のこ》さずきれいに、「ごちそうさま」

- 食《た》べきれる量《りょう》だけよそう
- 食《た》べ終《お》わった時《とき》は、器《うつわ》の中《なか》がきれいになるようにする

お米の命を尊ぶ気持ち

仏教の「十善戒《じゅうぜんかい》（善を保つ10条の戒め。教訓）」という言葉の中に、不殺生（殺してはならない）という戒めがあります。

しかし、人間が生きていくうえで「殺生をするな」と言われたら、魚も肉も、野菜も食べられなくなってしまうので、実際には無理なことです。この不殺生という教えは、「いただいた命を無駄にせず、できるだけ尊ぶ」という教えだと考えましょう。

ご飯粒を残すというのは、お米をご飯にするために炊いたのにもかかわらず、そのまま捨ててしまうということ。お米の命を無駄にしていることです。すなわち、殺生をしているということです。子どもには生命を無駄にせず、大切にするということをきちんと教えてください。生命を慈しむ気持ちがあれば、ご飯を残すということもなくなるはずです。そしてご飯を食べ終わった時、ご飯茶碗の中にご飯をひと粒も残さないように教えましょう。

「ごちそうさま」の前に

ちょっと待《ま》って！

そのおちゃわん、よーく中《なか》を見《み》てごらん

お米を育てた人への感謝

おちゃわんの底《そこ》についているごはんつぶは、
農家《のうか》の人《ひと》が大切《たいせつ》に育《そだ》てたお米《こめ》なんだよ

お母《かあ》さんが**「おいしくなりますように」**って
心《こころ》でいいながらたいてくれたんだよ

「ごちそうさま」の気持ち

おちゃわんはきれいになったかな？ それならもう一度《いちど》

食べきれないほどの量をよそっておいて、子どもに「残してはいけない」と言うのは酷というものです。器に食べきれる量をよそい、食べ終わった時には器の中が空になるように教えましょう。

他人《たにん》と食事《しょくじ》をする時《とき》の作法《さほう》は？

- 大皿料理《おおざらりょうり》は、まずお年寄《としよ》りから取《と》っていただく
- 後《あと》の人《ひと》が気持《きも》ちよく食《た》べられる取《と》り方《かた》を

情けは人のためならず

　家族以外の人と一緒に食事を取る時に大切なことは、他者への心配りです。例えば、大皿料理に入っていた大きな肉に真っ先に箸をつけてしまったり、真ん中から食べたりするのは無礼な行為です。バイキング料理でも後から取る人のことを考えずに散らかすようでは、他者への配慮に欠けています。

　お年寄りが一緒の席では、まずお年寄りに先に取っていただく。レストランで自分の料理が先に出てきた時は、箸をつける前に「お先に」とひと言挨拶をする。そうした気配りを忘れないようにしたいものです。

　私たちはひとりでは生きていけません。皆と快適に過ごすためには、他者への心配りがとても大切です。他人が気持ちよく過ごせるように配慮すれば、こちらにも好意を持ってくれる。好意を持ってくれるからこそ、こちらのことも大事に扱ってくれるようになり、互いに楽しく過ごすことができるのです。

目上の人と食事をする時

おじいちゃんやおばあちゃん、しんせきの人《ひと》、
お友《とも》だちのお父《とう》さんやお母《かあ》さんと
いっしょにごはんを食《た》べる時《とき》

おじいちゃんやおばあちゃんには

ほかの人《ひと》より先《さき》に食《た》べる時《とき》は

大皿料理を食べる時

大《おお》きなお皿《さら》からお料理《りょうり》をとる時《とき》は、

はじっこから！

みんなでにこにこ食《た》べると、
ごはんがもっともっとおいしくなるね！

好意《こうい》には「ごちそうさま」で応《こた》える

- 「いただきます」「おいしい!」「ごちそうさま」を忘《わす》れずに
- 変《へん》な遠慮《えんりょ》は無用《むよう》。相手《あいて》の好意《こうい》を素直《すなお》に受《う》け取《と》る

「おいしかった!」と言える子に

子どもが他家でごちそうになることがあります。ごちそうするというのは、先方の好意。変に遠慮するのではなく、素直に「ありがとうございます」と受け取ることが大切です。

遠慮をしないということは、無遠慮でいていいということではありません。受け取る気持ちを「ごちそうさま!」「わあ! うれしい!」といった言葉で表す必要があります。ただし、ふだんから「おいしい!」「おいしい!」と言い合う家庭で育っていないと、急には言えません。おいしかったら「おいしい」、食べ終わったら「ごちそうさま」と言うように、ふだんから家庭できちんと教えておきましょう。

嫌いなものが出た時は、それを口に出さず、相手に気づかせない配慮が必要です。また、既にお腹がいっぱいになっているのに、「もっと食べなさい」と言われた時には、黙ってもじもじせず、「もう十分いただきました」と言えるように教えておきましょう。

他家でおやつをいただく時

お友《とも》だちのお母《かあ》さんが、
おやつを出《だ》してくれました

おなかいっぱいになったら

おやつを食べ終わる

食《た》べ終《お》わった時《とき》は？

教えてほしい、食事中の言葉　●「いただきます」●「お先にどうぞ」●「お先にいただきます」●「おいしい！」●「おかわりをお願いします」●「もう十分いただきました」●「おいしかった！」●「ごちそうさまです」

お箸《はし》でしちゃいけないこと、知《し》ってる？

どうしていけないのか、いっしょに考《かんが》えよう

まよい箸《ばし》

どれにしようかな～

みんなで食《た》べている時《とき》に、
お皿《さら》とお皿《さら》のあいだを箸《はし》でうろうろしたり

さし箸《ばし》

はさみにくい食《た》べものを、お箸《はし》でぐさりとさしたり

よせ箸《ばし》

お皿《さら》をお箸《はし》でずずっとひっぱったり

さぐり箸《ばし》

みんなで食《た》べているお料理《りょうり》を
お箸《はし》でかきまぜて、ほしいものだけとったり。
こんなこと、もちろんしてないよね？

正《ただ》しいお箸《はし》の持《も》ち方《かた》

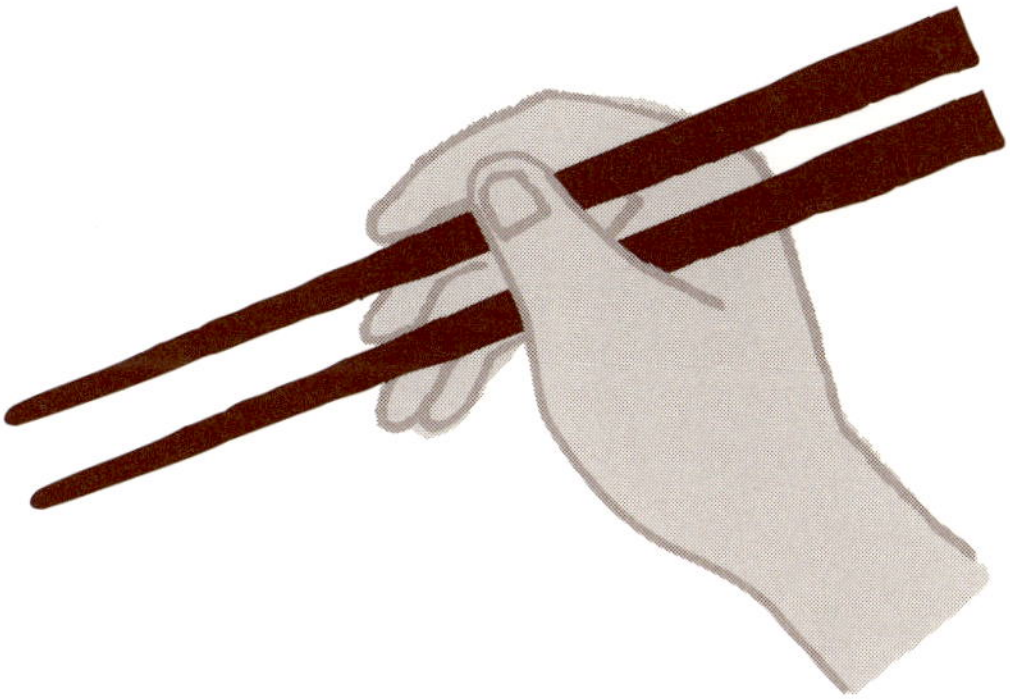

正《ただ》しいお箸《はし》の動《うご》かし方《かた》

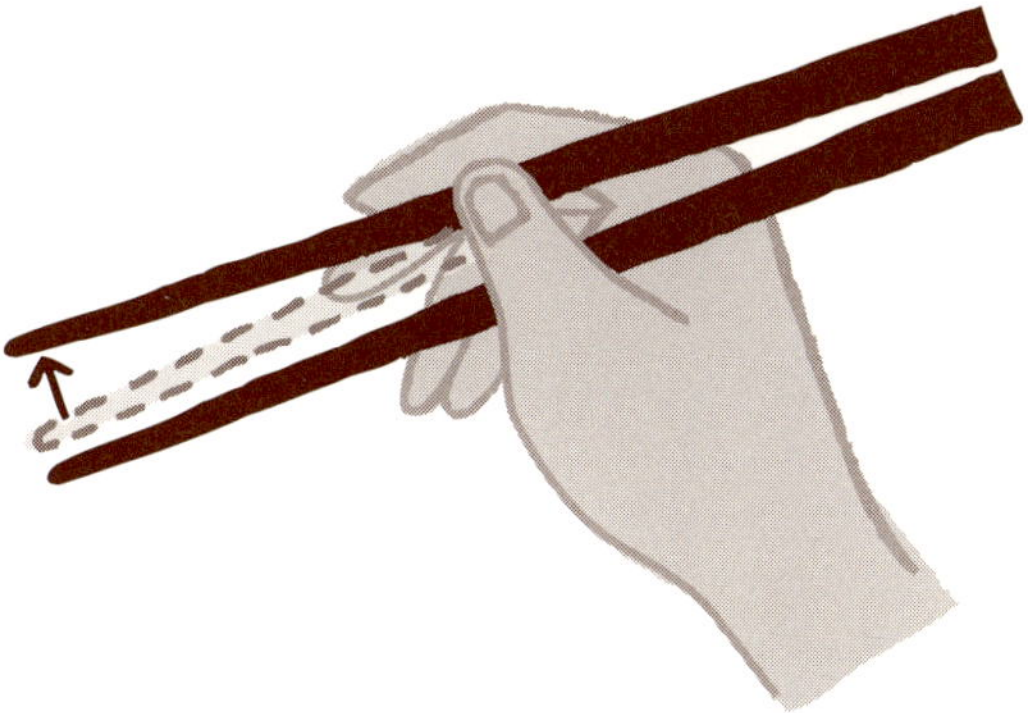

こうやって持《も》つとごはんが上手《じょうず》に食《た》べられるよ

野口先生の子どもたち

ここでは、野口先生が現役の小学校教師だった頃、印象に残った子どものエピソードをご紹介します。

おばあちゃんがいちばんの先輩ですから

「先生、私の家は遠いところにあります。ですから、家庭訪問の時には、夕食を用意させてください。家族のいつもの夕食に、先生もご一緒していただきたいんですが――」

家庭訪問の予定を伝えた時に、羽澤さんからこんなお話をいただきました。せっかくのご好意なので、私はありがたくそれに甘えることにしました。

その晩の夕食は、私にとって忘れられない思い出となりました。ご一家は子どもがふたりとご両親、それに高齢のおばあちゃんの五人家族でした。私は、お客さんとして最上席に案内されました。お座敷のいちばん上の床の間寄りが、私の席でした。そして、ちょうど私の正面の向かい側が次の上席、つまり私の次の上座ということになりますが、そこに座られたのは、最高齢のおばあちゃんでした。

おばあちゃんは、そこに座るのをずい分遠慮されて、

「私は、ご挨拶だけしたら失礼しますよ。——とんでもない。先生の正面だなんて。お父さん、あなたがそこにいらっしゃい。先生のご正面に——」とくり返したのですが、お父さんも、お母さんも、子どもたちも口をそろえて、

「やっぱり、おばあちゃんがそこがいいですよ。いちばんの先輩なんですから」

と言いました。おばあちゃんは恐縮しながら「それじゃあ――」ということで、私の正面にお座りになったのです。

それから、和やかな夕食になりました。子どもたちが毎日とても喜んで学校に通っていること、学校のできごとをいろいろ詳しく話してくれるので教室の様子がよくわかってうれしいこと、学校の給食がおいしいことなどなど、次から次へと話がはずみました。

またたく間に時間が過ぎて、私は心からお礼を述べて失礼をしました。それはそれは心のあたたまる楽しいひと時でした。

私が最も心を打たれたのは、ご家族のみんながいちばんお年寄りのおばあちゃんを尊敬し、大切にし、あたたかくいたわっていることでした。家庭訪問ではいろいろなお宅を訪ねるのですが、お年寄りのいる家庭であっても、お年寄りは顔を出さないという家がむしろ多いのです。

お年寄りはそれなりに遠慮されているのかもしれません。しかし、それは望ましいことなのでしょうか。――あれからもう二十年もの歳月が流れたのですが、私は今でも思い出す度に、心があたたまるような気がするのです。

第4章

街《まち》を歩《ある》く時《とき》の作法《さほう》

電車《でんしゃ》、バス、お店《みせ》、病院《びょういん》……などの公共《こうきょう》の場《ば》では、子《こ》どもでも周囲《しゅうい》の人《ひと》への配慮《はいりょ》が必要《ひつよう》です。他人《たにん》に迷惑《めいわく》をかけず、楽《たの》しく街《まち》を歩《ある》くための基本的《きほんてき》な作法《さほう》について学《まな》びましょう。

街《まち》を歩《ある》く時《とき》は〝じゃんしゃん〟歩《ある》こう

- 背筋《せすじ》を伸《の》ばして、元気《げんき》のよい歩《ある》き方《かた》を
- 背中《せなか》を丸《まる》めてだらだら歩《ある》くのは×

〝だらだら〟ではなく〝じゃんしゃん〟と

この頃の子どもの歩き方は、皆元気がありません。街を歩いている子も〝じゃんしゃん〟歩かず、だらだらと歩いています。全体的に、日本の子どもは元気がないように思います。

本来、子どもはいつも力が余って走っているもの。しかし、最近学校の登下校をする子どもを見るとだらだら歩いていて、私たちが子どもの頃とはあきらかに様子が違っています。

多分、今の子どもたちは皆疲れているのでしょう。TVを見て、夜更かしをして、運動が不足している。お腹も空かないし、少しお腹が空いたらすぐ何かを食べられる。常に飽食していて、「健康な飢餓《きが》」というものがなくなっているのではないでしょうか。

「健康な飢餓」というのは、とても大切なものです。それがあるからご飯がおいしくなり、思い切り遊んだ後、大汗をかいてぐっすり眠れます。さらに、背筋を伸ばして〝じゃんしゃん〟と歩くこともできるのです。

楽しく外を歩こう

外《そと》を歩《ある》くと、お友《とも》だちに会《あ》えるよ！

外《そと》を歩《ある》くと、
かわいいイヌに会《あ》えるかもしれないよ！

「行ってきます」の気持ち

せなかをぴーんとのばして、
「行《い》ってきます！」

◆　◆　◆

出かける時は「行き先」と「帰る時間」を告げることを、必ず子どもに習慣づけましょう。子どもがどこで、何をしているかを把握しておくことは親として大切なこと。また、犯罪の防止にもなります。

気《き》持《も》ちよい印象《いんしょう》を与《あた》える歩《ある》き方《かた》

- 胸《むね》を張《は》って、元気《げんき》よく手《て》をふろう
- 歩《ある》く時《とき》の視線《しせん》は正面《しょうめん》からやや上《うえ》に

姿勢は内面を表す

姿勢という言葉は、〝姿〟と〝勢〟という文字が組み合わされています。〝姿〟とは、「外から見た時の形」という意味、〝勢〟とは、「内にみなぎる気迫」のことです。「姿勢を正す」とは、外から見て美しいだけではなく、内に気迫がみなぎっている状態を指します。歩く時は、美しい姿勢を心がけましょう。

大学の授業で教える際、始業と終業には姿勢を正すよう必ず学生に言います。はじめははすに構えていた学生も、こちらが挨拶をしないで黙っていると、やがて背筋を伸ばして静かになります。一瞬物音がなくなり、しんとした状態に。そこで「おはよう」と言う。「礼に始まり、礼に終わる」という考え方は、教育の基本だと思います。

さらに、視線の位置も重要です。下を向いて歩くと視野が狭くなり、こせこせとした印象になってしまいます。気持ちよい印象を与える姿勢も、大切な作法の一つです。

歩く時の姿勢

しっかり前《まえ》を向《む》いて、
せすじをぴんとのばして歩《ある》こう

へいの上《うえ》でねているネコも
草《くさ》の中《なか》にかくれているバッタも、
よーく見《み》えるよ

目線を下に向けない

せなかを丸《まる》くして歩《ある》いていると……
楽《たの》しいことを見《み》のがしちゃうよ！

他人《たにん》に悪《わる》い印象《いんしょう》を与《あた》えないふるまい

- 知《し》らない人《ひと》を無遠慮《ぶえんりょ》にじろじろ見《み》ない！
- 人《ひと》にはやさしい視線《しせん》を向《む》ける

〝目つき〟ではなく〝眼差《まなざ》し〟を

ひと言で視線といっても、やわらかい視線もあれば、きつい視線もあります。人と人とが争う時は、当然険しく強い視線を交わすもの。街を歩いている時に用もないのに他人を無遠慮に見るのは、子どもといえども無作法な行為だと言えるでしょう。「他人をじろじろ見ないようにする」「仮に目が合ったとしても、そのまま見ていないですぐ目を逸らす」。そういった街でのふるまいについては、外出前に子どもに教えておきましょう。

あたたかく、好意的な視線は〝眼差《まなざ》し〟と呼びます。悪意を持った視線のことは、〝目つき〟と言います。他人をほめる時に、「目つきがいい」とは言いません。他人には〝目つき〟ではなく、〝眼差し〟を向けるのだということを子どもに教えてください。また、街ですれ違うだけの他人に対しても悪い印象を与えない、そしてお互いが気持ちよく過ごせるようなふるまいを教えましょう。

知らない人と目が合った時

あ！ 目《め》が合《あ》っちゃった！
……このあと、どうすればいい？

そのままじーっと見《み》ていたら？

……何《なん》だかイヤな感《かん》じ！

◆ ◆ ◆

子どもでも、無遠慮に他人をじろじろ見るのは無作法なこと。まして、他人を指さしたり、ちらちら見ながらくすくす笑ったりするのはもってのほかです。子どもはすぐに「あれ何？」と指をさすので、その場できちんと注意しましょう。

他人との気持ちよい距離

知《し》らない人《ひと》をじろじろ見《み》るのは、
とても失礼《しつれい》なことなんだよ。
外《そと》を歩《ある》く時《とき》は、気《き》をつけようね！

わ！ そんなに広《ひろ》がって歩《ある》いたら、
みんなが通《とお》れないよ！

周囲への配慮

おもいきり走《はし》っていたら……
前《まえ》からきた人《ひと》にドシン！

◆ ◆ ◆

子どもが見ず知らずの人にぶつかった時は、必ず「すみません」と謝るように教えましょう。黙ってそのまま走っていく子どもが多いのは残念なことです。

おばあさんも、小《ちい》さな赤《あか》ちゃんも、
大《おお》きな荷物《にもつ》を持《も》っている人《ひと》も
みんなこの道《みち》を歩《ある》いているんだよ

まちを歩《ある》く時《とき》は、
みんながにこにこ歩《ある》けるように
気《き》をつけてね！

◆◆◆

道路をわがもの顔で広がって歩いたり、自転車で二列になって走ったりすれば、他人に迷惑をかけるのだということをきちんと教えておきましょう。乗りものの中や、道路でべったり座るのも避けるべきです。

乗《の》りものでは「どうぞ」の気《き》持《も》ちで

- 周《しゅう》囲《い》の人《ひと》に「どうぞ」の気《き》持《も》ちを忘《わす》れない
- 運《うん》転《てん》手《しゅ》さんには元《げん》気《き》な挨《あい》拶《さつ》を！

「どうぞ」の気持ちを持たせる

バスや電車に乗る時は、周囲の人への配慮が大切です。車内で座席に座る時は、まわりで先に人が座っていたら軽く会釈をしてから。「失礼します」と言えば、さらに礼儀正しい印象を与えるでしょう。

座席に荷物を置いたままの人をよく見かけますが、公共の場所にいる時は周囲の人への心遣いが必要です。後から人が乗ってきたら、荷物を膝にのせて、少し詰めてあげましょう。

バスや電車の中で会うのは、二度と会わない人だからこそ、よい印象で別れたいもの。「二度と会わない人なんてどうでもいい」という考え方では、自分の心がすさみ、自分が寂しくなってしまいます。「どうぞ」という言葉を口にすることで、相手が喜んでくれれば、それを見た自分もうれしくなるはずです。

「相手が喜んでくれたら、自分もうれしい」という感覚は、小さい頃にしか身につけられません。ぜひ家庭で身につけさせておきましょう。

バスに乗る時の挨拶

バスに乗《の》る時《とき》は?

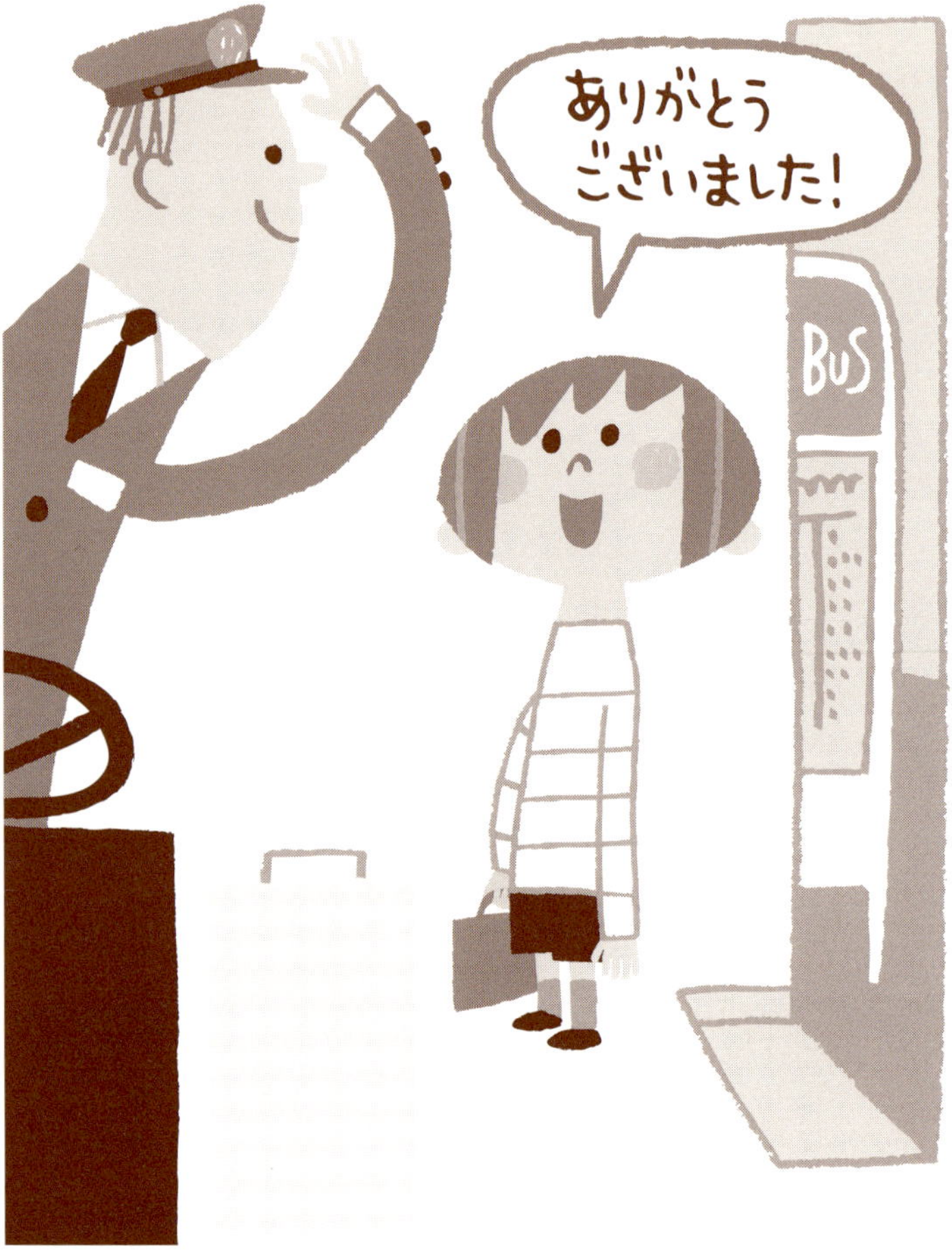
ありがとう
ございました!
BUS

バスをおりる時《とき》は?

バスや電車で同席する時

バスや電車《でんしゃ》で、ざせきにすわる時《とき》は？

その荷物《にもつ》、
ひざの上《うえ》にのせてくれないかな？

もっとつめてくれたら、
もうひとりすわれるよ？

みんながにこにこできるじゅもん、
教《おし》えてあげる

ここ、いいですか？

これでみんながうれしいよ！

気《き》持《も》ちを伝《つた》えるひと言《こと》を教《おし》える

・降《お》りる時《とき》は「失礼《しつれい》します」と声《こえ》をかけて
・軽《かる》い会《え》釈《しゃく》をし合《あ》うことで、気《き》持《も》ちよく降《お》りよう

「失礼します」のひと声

混んでいる乗りものを降りる時に、「すみません、降ります」のひと言もかけず、ただぐいっと押しのけて降りるようでは周囲の人が不愉快です。「みんなが立っているところを、こちらの都合で動いてもらう」という気持ちで「失礼します」とひと声かけましょう。

また、座席に座る時に「失礼します」とは言っても、立つ時には黙っている人が多いようです。軽く会釈をすれば、お互い気持ちよく別れることができるはず。ひと昔前なら「お気をつけて」とか「気をつけていらっしゃい」という言葉をかけ合ったものですが、最近ではそういう風景を見かけることがほとんどありません。残念なことです。

言葉とは、それを使う人の人格に支えられたものでなければいけません。そして、この人格を育成する最適期は、幼少期なのです。子どもには気持ちを伝えるための小さなひと言を教えましょう。

バスや電車の中の作法

電車《でんしゃ》の中《なか》で、
大《おお》きな声《こえ》で
さわいだり、
お友《とも》だちと
ふざけたり……
してないよね？

あ！ そんな
すわり方《かた》じゃ、
みんなが
すわるところが
くつでよごれちゃう！

バスや電車で話す時

電車《でんしゃ》やバスの中《なか》ではいつもよりしずかに！
いろんな人《ひと》がいることをわすれないでね

電車《でんしゃ》の中《なか》で気《き》をつけたいこと

・大《おお》きな声《こえ》で話《はな》さない
・携帯電話《けいたいでんわ》で話《はな》さない

・電車《でんしゃ》やバスの中《なか》では走《はし》らない！
・つりかわにぶら下《さ》がって遊《あそ》ばない！

・こんでいる車内《しゃない》でおやつを食《た》べたり、ジュースを飲《の》んだりしない
・ゆかにべったりすわらない

・あいているせきを走《はし》ってとりに行《い》かない
・よごれたくつで、シートをよごさない
・お年寄《としよ》りがいたら、「どうぞ」と席《せき》をゆずる

・おりる人《ひと》が先《さき》、乗《の》る人《ひと》があと
・おりたい時《とき》は「失礼《しつれい》します、おります！」と大《おお》きな声《こえ》でいう

人《ひと》がいっぱいでおりられない！
そんな時《とき》はあわてず、おさず

「失礼します」のひと言

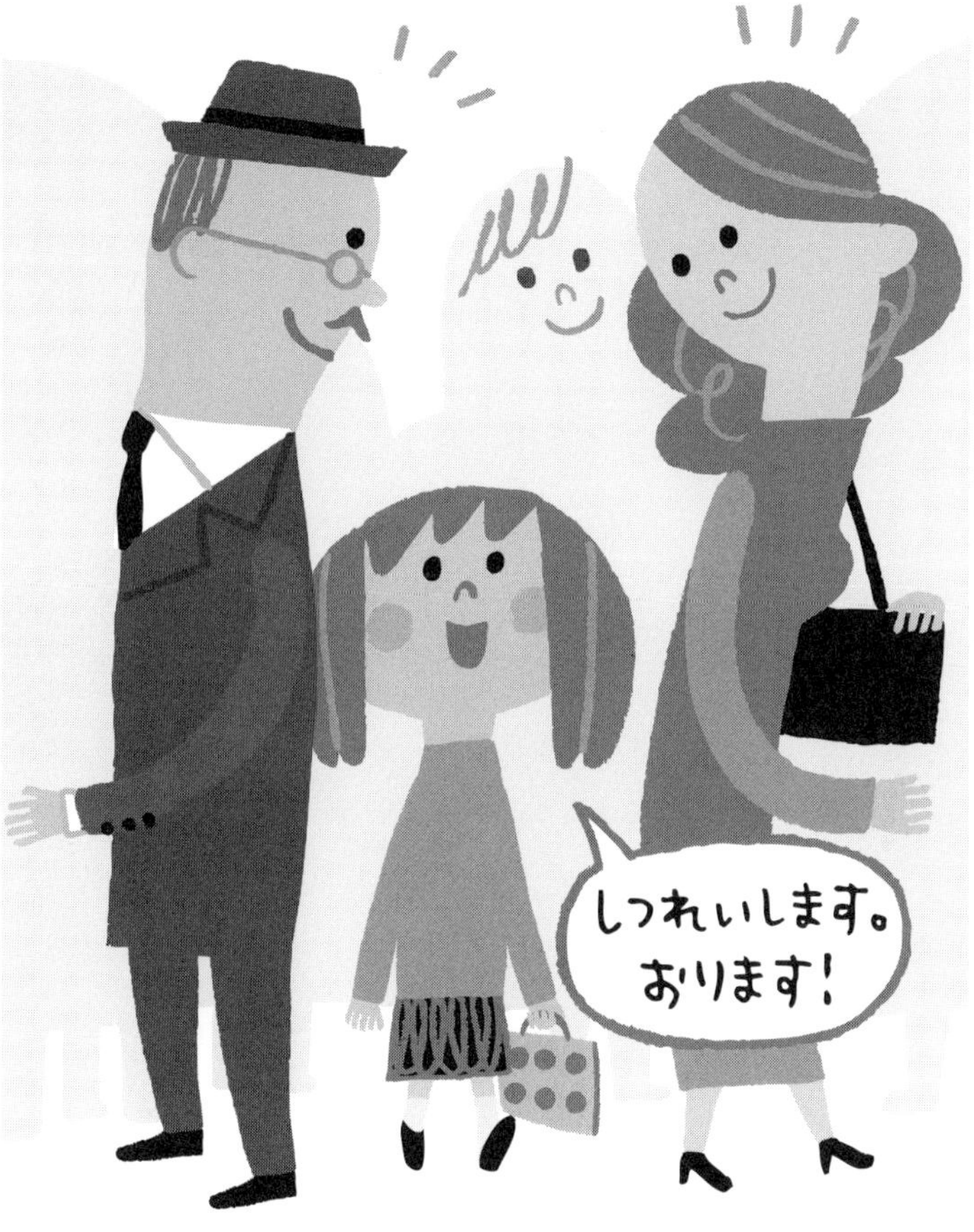
しつれいします。
おります！

っていえばいいんだよ

周囲《しゅうい》を幸《しあわ》せにする言葉《ことば》

●高齢者《こうれいしゃ》や小《ちい》さい子《こ》には親切《しんせつ》にしよう
●何《なに》か助《たす》けられることがないか、アンテナを張《は》ろう

作法を覚えて幸せになる

作法の根本にあるのは、人とのかかわりを大切にするという考え方です。作法を覚えることで、周囲の人が幸せになり、それによって自分も楽しくなるのだということを子どもが実感できるようにしてください。

自分本位で相手なんかどうでもいいという姿勢では、その気持ちが言葉に出てきてしまいます。例えば大勢の人に向かって小さな声で話す子どもがいますが、相手を大事にしたいと思うのであれば、やはり聞きやすく話すべきです。特に、高齢者に話す時は、大きな声でゆっくり話すよう、親が子どもに教えておきましょう。

街を歩いているのは、年齢も性別もさまざまな人たちです。お年寄りが大きな荷物を持っていたら、「持ちましょうか」と言って代わりに持ってあげたり、自分よりも小さな子どもと歩く時は、いつもよりゆっくり歩いてあげるといった、相手に合わせた気働きができる子どもに育ててほしいと思います。

街を歩く人への配慮

重《おも》そうな荷物《にもつ》。たいへんそう……

おもいきって声《こえ》をかけてみよう

いっしょにゆっくり歩《ある》いて、
ゆっくりお話《はなし》してみよう。
きっと**「ありがとう」**っていってもらえるよ！

公共《こうきょう》の場《ば》での決《き》まりごとを覚《おぼ》える

- 冠婚葬祭《かんこんそうさい》での基本的《きほんてき》な挨拶《あいさつ》をあらかじめ教《おし》えておく
- ふだんから、小《ちい》さな心遣《こころづか》いを教《おし》えておく

最低限のふるまいを身につけさせる

子どもといえども、公共の場での最低限のふるまいは教えておくべきでしょう。例えば乗りものやレストラン、お店など大勢の人がいる場所では、学校や家で話す時よりも小さな声で話すといった、周囲の人に迷惑をかけないような配慮が子どもにも必要です。他家を訪問する時には、玄関で靴を揃えたり、汚さないよう注意したりという小さな心遣いも大切です。

小さな子どもを冠婚葬祭の場に連れていく機会もあるかと思いますが、正式の場であれば、子どもでもきちんとした挨拶をするべきです。出かける前にあらかじめ、基本的な挨拶の言葉を教えておきましょう。

結婚式の場では**「おめでとうございます」**。

お葬式では**「ご愁傷《しゅうしょう》さまでございます」**。

お葬式以外の法事の席では、**「本日は誠にご奇特《きとく》でございます」**。

これらの挨拶をきちんとできるように前もって教えてあげてください。

病院でのふるまい

病《びょう》院《いん》は、
頭《あたま》のいたい人《ひと》や、
熱《ねつ》のある人《ひと》が
たくさんいるところ

電車やバスでのふるまい

電車《でんしゃ》やバスには、
つかれている人《ひと》や、
しずかに本《ほん》を
読《よ》みたい人《ひと》がいる

しずかな場所《ばしょ》では、
小《ちい》さな声《こえ》でお話《はなし》しよう

みんなのいる場所《ばしょ》で、気《き》をつけたいこと

・大《おお》きな声《こえ》でお話《はな》ししない
（隣《となり》に病気《びょうき》の人《ひと》がいるかもしれないよ……）

・走《はし》ったり、遊《あそ》んだりしない
（あぶない！　ぶつかっちゃう！）

・エスカレーターやエレベーターで遊《あそ》ばない
（みんなのじゃまだよ！）

・お店《みせ》のものはむやみにさわらない
（よごれたら、ほかの人《ひと》が買《か》えないね）

・人《ひと》がいっぱいいる場所《ばしょ》では、携帯電話《けいたいでんわ》でやたら話《はな》さない
（まわりの人《ひと》が、みんな聞《き》いてるよ！）

・自分《じぶん》よりも小《ちい》さな子《こ》どもやお年寄《としよ》りには席《せき》をゆずり、荷物《にもつ》を持《も》ってあげる
（「ありがとう！」っていってもらえることをしよう）

知《し》らない人《ひと》のめいわくにならないように、そして、気持《きも》ちよくいられるように、みんなが少《すこ》しずつやさしくなれたらいいね！

外《がい》出《しゅつ》時《じ》のふるまいは、外《がい》出《しゅつ》前《まえ》に予《よ》習《しゅう》を

- 両親《りょうしん》の知人《ちじん》に会《あ》ったら、はっきりした声《こえ》で挨拶《あいさつ》を
- 自分《じぶん》の靴《くつ》や、トイレのスリッパもきちんと揃《そろ》えて

後の人を思いやる気持ちが基本

他家を訪問する時は、あらかじめ訪問先でのふるまいを子どもに教えておきましょう。まず、訪問先の方に会ったら、はっきり、大きな声で挨拶をする。たとえそれが自分にとって知らない人でも、両親の知人には挨拶するように教えておきましょう。そして、挨拶が終わったら大人同士の会話にやたらと口をはさまず、聞かれたことにはきちんと返事をすることも大切です。さらに、外出時のふるまいをきちんと教えておけば、子どもも不安にならず、自信を持って行動することができるでしょう。

他家に上がる時は、「お邪魔します」「失礼します」と挨拶をして、玄関先で自分の靴をきちんと揃えます。訪問先で子どもがトイレをお借りすることも多いと思いますが、きれいに使い、スリッパをはきやすいように揃えておくなど、基本的な作法についてはふだんから教えておきましょう。基本となるのは、「後の人が使いやすいように」という思いやりの気持ちです。

他家を訪問する時

よその家《いえ》に行《い》く時《とき》は?

まず玄関《げんかん》であいさつ

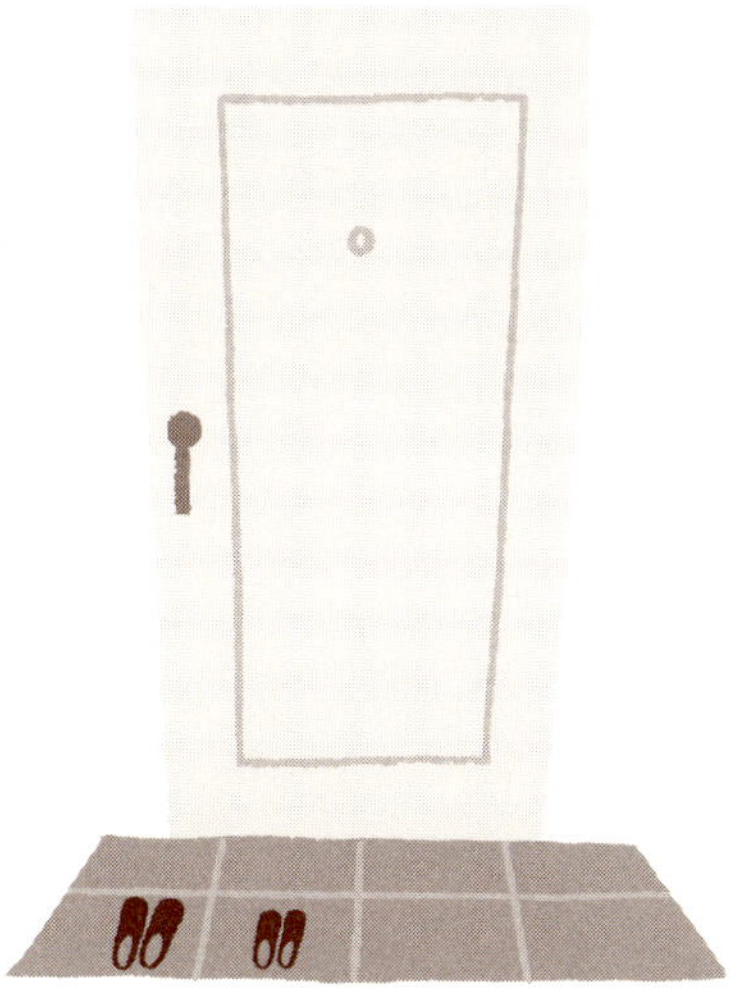

玄関《げんかん》でくつをぬいだら、
きちんとそろえておく

こんなふうに!

トイレに行《い》きたくなったら？

トイレをかして
もらえますか？

子どもにとって、家族以外の人に「トイレに行きたい」と言うのは勇気のいることです。決してはずかしいことではないと教えて、もじもじしたまま失敗しないように大人が気をつけてあげましょう。

使《つか》ったあとは、
きちんとスリッパをそろえておこう！

◆◆◆

他家を訪問した際、トイレ、玄関、子ども部屋を使った後はきれいに片づけておくようにしましょう。汚したままでは、次に使う人が不愉快。きれいにすることが、次の人への配慮になります。

野口先生の子どもたち

ここでは、野口先生が現役の小学校教師だった頃、印象に残った子どものエピソードをご紹介します。

学校はわがままを許しません

いちばん末の息子が小学校に入学するので、私は四年ぶりに、入学説明会に出かけました。この日には簡単な面接やちょっとしたテストもあり、最後には校長先生からの講話もあるということなので、私は少し緊張して学校に出かけたのでした。

はじめての学校の様子に子どもたちは、かなり緊張していたようですが、慣れてくると大きな声で話したり、走りまわったりと、いつもの幼稚園でのやんちゃぶりを発揮するようになってきました。なかにははしゃぎすぎて先生に注意をされる子どももいました。こういう活発な子どもたちの中で、うちの末息子がはたして元気でやっていけるのだろうか、と私はちょっぴり不安になりました。

健康検査や面接がすべて終わって、校長先生のお話を聞く時間になりました。体育館には大勢のお母さんや子どもたちが集まってざわついていましたが、校長先生のお話が始まると少し静かになりました。校長先生は四月に校長に昇進して赴任をされた新任の方でした。若々しい感じのする明るい校長先生という印象で、はじめてお目にかかる私にも好感の持てる方でした。

　お話が始まって十五分もたったでしょうか。ひとり、ふたりの子どもが親許を離れて遊び始めました。ふたりが三人、三人が四人となってだんだ

んにぎやかになり、やがて少し騒がしくなってきました。話を聞いているお母さん方の中にはそれを少し気にするような人もいましたが、子どもたちの騒ぎを止めさせる親はいなかったようです。

そんな時です。突然大声で、

「うるさいっ」

と叫んだ人がいます。何と、校長先生でした。校長先生はその後しばらく無言でした。騒いでいた子どもたちはびっくりして騒ぎを止め、体育館はしいんとなりました。やがて――、

「あの騒いでいる子のお母さんは、子どもを自分のところに呼んでください。みんな静かに話を聞こうとしているのです。学校は、こういうわがままを許しません。それが教育というものです。お母さんは自分の子どもを呼び戻してください――」。

と、静かな、しかし凛《りん》とした口調で校長先生は話しました。四、五人のお母さんが席を立って子どもを呼び寄せました。

「――ああ、この校長先生なら安心だ」と、私はひとりそう思ったことでした。

巻《かん》末《まつ》付《ふ》録《ろく》

手紙《てがみ》やメールを書《か》く時《とき》は、実際《じっさい》に会話《かいわ》を交《か》わす時《とき》よりも細《こま》やかな心遣《こころづか》いが必要《ひつよう》です。子《こ》どもらしく、かつ丁寧《ていねい》で、相手《あいて》に楽《たの》しんでもらえる手紙《てがみ》やメールの書《か》き方《かた》を覚《おぼ》えましょう。

手紙を書く時の作法

お父さん・お母さんへ

いただいたプレゼントやお祝いにお礼状を書いたり、遠方の祖父母に近況を知らせたりと、子どもが目上の人に対して手紙を書く機会は意外に多いものです。相手の人に喜んでもらえる手紙が書けるよう、手紙を書く時の最低限の作法をきちんと教えておきたいものです。

丁寧に書くことは大切ですが、堅苦しい決まりごとにしばられる必要はありません。子ども自身が選んだ言葉で書いてある方が、雰囲気が伝わり、相手にも喜んでもらえるでしょう。できれば、季節や相手に合った言葉を選び、相手に対する配慮を伝えます。また、書き出しや結びの言葉など、基本的なことについてはあらかじめ教えておきましょう。

この本《ほん》を読《よ》んでいる子《こ》どもたちへ

おじいちゃんやおばあちゃんからおたんじょう日《び》のプレゼントやおいわいをもらった時《とき》、「ありがとう」っていいたくなったよね？　電話《でんわ》で「ありがとう」っていうのもすてきだけど、「ありがとう」って手紙《てがみ》を書《か》いたら、きっとよろこんでもらえるよ。

手紙《てがみ》には「ありがとう」のほかに、何《なん》でも書《か》いていいんだよ。学校《がっこう》であったこと、お父《とう》さんと遊《あそ》んだこと、犬《いぬ》とさんぽをしたこと。「こんなことがあったよ！」というつもりで、楽《たの》しい手紙《てがみ》を書《か》いてみよう。

ハガキの場合

まずは、ごあいさつ

最近《さいきん》、楽《たの》しかったことも書《か》いてみよう

最初《さいしょ》に、相手《あいて》の名前《なまえ》を書《か》く

おじいちゃん、おばあちゃん

こんにちは。お元気《げんき》ですか。ぼくは元気《げんき》です。

たんじょう日《び》プレゼントのグローブ、どうもありがとうございました。学校《がっこう》から帰《かえ》ったら机《つくえ》の上《うえ》においてあってびっくりしました。うれしかったです！　大切《たいせつ》に使《つか》います。

昨日《きのう》から春《はる》やすみがはじまりました。昨日《きのう》はお父《とう》さんが野球《やきゅう》を見《み》につれて行《い》ってくれました。はじめてだったけど、とてもおもしろかったよ。

こんどは野球《やきゅう》をしている写真《しゃしん》をおくりますね。まだ寒《さむ》いので、かぜをひかないように気《き》をつけてください。

たけし

お礼《れい》をいう時《とき》は、はじめのほうに書《か》く

最後《さいご》に、きちんとごあいさつ

自分《じぶん》の名前《なまえ》もわすれずに！

毎日《まいにち》、何《なに》をしているのか
教《おし》えてあげよう

手紙の場合

こんにちは。

暑《あつ》くなってきましたが、おばあちゃんはお元気《げんき》ですか。ぼくも、お父《とう》さんもお母《かあ》さんも元気《げんき》です。

先週《せんしゅう》、おばあちゃんのところにとめてもらった時《とき》は、とても楽《たの》しかったです。あんな大《おお》きなひまわりを見《み》たのははじめてで、びっくりしました。おばあちゃんと食《た》べたスイカも、すごくあまかったね。こんどはもっとながくとまって、裏《うら》の山《やま》をたんけんしたいです。

ぼくは毎日《まいにち》プールに行《い》っています。クロールで15メートルぐらいおよげるようになりました。夏《なつ》やすみのあいだ、しんぶんを取《と》ってくるのと、庭《にわ》のそうじをするのがぼくの仕事《しごと》です。お母《かあ》さんに「早《はや》く夏《なつ》やすみの宿題《しゅくだい》をしなさい」と毎日《まいにち》いわれるので、はんぶんぐ

季節《きせつ》に合《あ》った
あいさつができるように
なるといいね！

家族《かぞく》のことも、
報告《ほうこく》してあげよう

終《お》わりのあいさつも、
季節《きせつ》に合《あ》った内容《ないよう》に

相手《あいて》のことを
おもいやる気《き》もちを
わすれずに

最後《さいご》に、
相手《あいて》の名前《なまえ》を書《か》く

手紙文《てがみぶん》の最後《さいご》に、
自分《じぶん》の名前《なまえ》を

ハガキを書《か》く時《とき》も、
手紙《てがみ》を書《か》く時《とき》も、
ていねいに、
わかりやすい字《じ》を
書《か》こう

らい終《お》わりました。らいしゅう、お父《とう》さんとお母《かあ》さんとキャンプに行《い》くよていです。キャンプに行《い》くのははじめてなので、すごく楽《たの》しみです。

毎日《まいにち》暑《あつ》いので、夏《なつ》ばてに気《き》をつけてください。また、おばあちゃんの家《いえ》に行《い》くのを楽《たの》しみにしています。さようなら。

ゆうた

二〇〇六年　七月〇日

おばあちゃんへ

メールを書く時の作法

お父さん・お母さんへ

最近ではパソコンや携帯電話からのメールが普及して、手紙よりもメールを書く機会が増えているようです。子どもの写真を一緒に送れたり、気軽に書けるというメリットはありますが、文章では気持ちがうまく伝わらないこともあるので、手紙と同様に最低限の作法は子どもにも教えておきましょう。

特に、相手が年配の方の場合は、メールに慣れていない方もいますので、長いメールを送ると負担になることも。文章があまり長くならないような配慮が必要です。また、ふだん友だちに送るメールとは違い、挨拶や結びの言葉をきちんと書いて、丁寧な言葉遣いをするように教えましょう。

この本《ほん》を読《よ》んでいる子《こ》どもたちへ

おじいちゃんやおばあちゃんに手《て》紙《がみ》を書《か》くのがめんどうでも、メールならすぐにおくれるね。でも、目上《めうえ》の人《ひと》に出《だ》す時《とき》は、ていねいな言葉遣《ことばづか》いで書《か》かないと、失礼《しつれい》になってしまうから気《き》をつけよう。

けいたい電話《でんわ》からおくる時《とき》は、短《みじか》く、わかりやすい文章《ぶんしょう》に。友《とも》だちにおくるメールだったら絵文字《えもじ》も楽《たの》しいけど、年上《としうえ》の人《ひと》には失礼《しつれい》になることもあるんだよ。

〝送信《そうしん》〟ボタンをおす前《まえ》に、まちがいがないか、かくにんしよう。

メールの場合

タイトルは、
わかりやすく！

きちんと、
ごあいさつを

＜タイトル＞運《うん》どう会《かい》の写真《しゃしん》だよ

＜内容《ないよう》＞ おじいちゃん、おばあちゃん、こんばんは。

お母《かあ》さんが運《うん》どう会《かい》の時《とき》に写真《しゃしん》を撮《と》ってくれたので、
メールといっしょにおくります。

ときょうそうで、２番《ばん》になったよ。

みんなの前《まえ》でダンスをした時《とき》は、どきどきしました。

おじいちゃんの腰《こし》は、もうだいじょうぶですか？

こんどの冬《ふゆ》やすみにおじいちゃんの家《いえ》に行《い》くのを楽《たの》しみにしているので気《き》をつけてください。

ようこ

短《みじか》く文章《ぶんしょう》をきると
読《よ》みやすいよ

最後《さいご》に、
きちんとごあいさつ

自分《じぶん》の名前《なまえ》を、
終《お》わりに入《い》れよう

あとがき

楽しく素敵なイラストが入った家庭教育の本を書いてみたいなあと長年考えていました。家庭教育は国語教育と並んで私のライフワークです。これまでにも私は幾冊かの本を出してきましたが、子どもと一緒に読めるようなわかりやすく、そして楽しく、かつ役に立つようなイラスト入りの本を出す機会にはついぞ出会わずにきました。

ところが、たまたまＮＨＫの教育テレビに出演する機会に恵まれ、私は六年生に「返事と挨拶」という授業をしたのでした。それがＰＨＰ研究所の編集者菱田美鳥さんとの出会いを作ってくれることになりました。菱田さんは私の授業をテレビでご覧になって、早速丁寧なお便りをくださいました。子どもと子どもを育てているお父さんやお母さん方の役に立てる楽しい本を作りましょう――と。もちろん私はふたつ返事で快諾をしました。

『子どもの作法』について、ふだん考え続けてきた思いの丈《たけ》を私は存分に語ることができたと大変満足しています。文章表現やイラストの入れ方については、プロダクション「レゾナ」のベテラン藤城明子さんに格別のご協力をいただき、長年の夢が、思っていた以上の出来ばえでここに完成しました。

この一冊の本が、こうして素敵にでき上がるまでには、本当にたくさんの方々のご協力がありました。とてもとても、私ひとりの力などでできるものではありません。改めて、本書刊行までにお力を貸してくださったたくさんの方々に心からの感謝を捧げます。

そして、さらに忘れてならないのは、他ならぬ読者であるあなた様への感謝です。書籍というものは「読んでいただき、役立てていただく」ことが刊行の目的です。いくら素敵な本ができても、読まれもせず、役に立ちもしないのであれば出版の意味がありません。

このような意味から、本書をお求めくださり、お読みいただき、お役立てくださったあなた様にも私は心からなる感謝を捧げます。あなたのお子様方の未来に幸多かれとお祈りいたします。ありがとうございました。

二〇〇六年一月

野口芳宏

野口芳宏（のぐち・よしひろ）
1936年千葉県生まれ。千葉大学教育学部卒業。千葉大学附属小学校教諭、公立小学校教頭、校長を経て、北海道教育大学教授を歴任。現在は日本教育技術学会名誉会長、日本言語技術教育学会副会長、鍛える国語教室研究会主宰。2005年３月、NHK『わくわく授業』に出演するなど、各地の教師の要請に応え、授業や講演による全国教育行脚に励んでいる。主な著作に『野口芳宏 第一著作集全20巻』『同 第二著作集全15巻』『言葉で子どもがこんなに変わる』『自立をめざす子育て』（以上、明治図書）など多数がある。

STAFF
アートディレクション （有）レゾナ（志摩祐子）
デザイン （有）レゾナ（西村絵美・富山剛仁）
校閲 吉井寛人
編集 藤城明子
装丁 神長文夫・柏田幸子
イラスト 大迫 緑

小学生までに身につける 子どもの作法
［あいさつ］から［食事のしかた］まで

2006年２月27日 第１版第１刷発行
2006年６月15日 第１版第３刷発行

著 者 野口芳宏
発行者 江口克彦
発行所 PHP研究所
東京本部 〒102-8331 千代田区三番町３番地10
生活文化出版部 ☎03-3239-6227（編集）
普及一部 ☎03-3239-6233（販売）
京都本部 〒601-8411 京都市南区西九条北ノ内町11
普及二部 ☎075-681-8818（販売）
PHP INTERFACE http://www.php.co.jp/
印刷所
製本所 凸版印刷株式会社

ISBN 4-569-64784-7